偉大而美好的種籽

- 重繪二二八看見人民迸發的力量 -

目錄 Contents

歷史 Column

天馬茶房

「較緊咧！較緊咧！有人予阿山拍著傷拉！」

一陣吵雜聲劃過這個寒冷的初春夜晚，緊接著伴隨幾聲槍聲。

「阿山開銃拉！拍著人拉！」

接著有人哀嚎，有人怒罵，孩子嚇得大哭。

循著聲音來看，一位身上中槍的青年躺在自家門前，鮮血不斷從體內流出。

在不遠處的馬路上則是好幾包菸散落一片，以及凌亂的血腳印踏在一灘血上，而這些血則是一旁搗著頭的婦人所滴落的。

這夜，台北街頭十分不寧靜。

肇事的查緝員隨後躲到永樂町派出所後轉至中山堂旁的警察總局，一群憤怒的群眾也跟著湧至警察局，他們要求逮捕凶手，但交涉未果，於是來到憲兵隊再次要求嚴懲打傷人的凶手。

但雙方交涉無結果，就這樣憤怒的民眾越聚越多，冒著細雨徹夜的包圍警察局和憲兵隊直到天亮⋯⋯

偉大美好的旅行——重繪二二八看見人民迸發的力量

平民的遊行

1945 年 8 月 15 日，日本無條件投降。

台灣人歡欣鼓舞的迎接祖國的懷抱，期待邁向新時代。

但不料僅一年半的時間，台灣面臨了通貨膨脹，誰也沒想到在台北市竟然也會有錢買不到東西的一天。加上當權者對人民的歧視和打壓，百業蕭條、失業嚴重、官民關係惡劣，眾人積在心裡的怒氣，終於在 1947 年 2 月 28 日爆發。

由於前一天晚上，查緝員在天馬茶房外查獲婦人林江邁販賣私菸，林婦欲求情卻遭查緝員打傷，民眾見狀紛紛包圍查緝員，在混亂中查緝員亂槍射殺一位在自家門口觀看的青年，並乘機脫逃，引發民眾徹夜包圍警察局要求逮捕兇徒。

事發後的第二天早晨，大稻埕和龍山寺一帶已有騷動，人們紛紛上街遊行，青年們站上街頭演說，家家戶戶關門罷市、罷工一起響應，實行台北市的全體罷市，這是台灣史無前例的。

遊行隊伍目的是要前往專賣總局請願懲凶，怒火中燒的民眾衝入肇事的查緝員所任職的專賣局台北分局，搗毀器物，毆打職員，將菸、酒、火柴和一切的物品，都搬到戶外，放火焚燒。

但民眾遲遲沒得到長官公署的回應，於是隊伍浩浩蕩蕩地來到長官公署前，不料卻遭機關槍掃射，當場殺死三人。也因為這場無差別射擊讓民眾的情緒被激怒到最高點，請願的民眾四散各處，痛毆部分貪官汙吏的外省人，將戰後以來所累積的新仇舊恨一齊爆發，頓時整個台北城內陷入混亂。下午，抗議民眾來到新公園召開群眾大會並占領了廣播電台，將台北發生的事件放送至各界⋯⋯

下午三時，警備總司令部見情勢危急，宣布台北戒嚴，並動員軍警巡邏市街，在台北城的街道上展開掃射，許多民眾不分青紅皂白的被射殺，其中在專賣局、鐵路管理局、交通局面前，無辜傷亡的市民最多。

機關槍

1947 年 3 月 1 日。

雖然台北已進入戒嚴階段，但在報社工作的吳濁流抱著所謂瞎子不畏蛇的心態，一如往常地騎著腳踏車經過佈署著機關槍的長官公署前。街道上冷冷清清，到北門的整條大馬路上都沒半個人影，頂多在台北車站還有零星的槍聲傳來。

之後他來到同學林君的公司一看，大家都在議論昨天的事情，有人說：

「他們不要這樣做，『罷市』比較有效果。」

「幸好是有個本省人保護我！我才安全啊！」

「我還親眼看見也有外省人打外省的公務員啊！」

接著吳濁流比平日早到報社上班。

這時一位姓駱的外勤記者臉色蒼白著回來。

「怎麼了嗎？」

「我剛路過鐵路局前時……有四、五十個的民眾聚集在一堆，突然有機關槍從鐵路局的二樓向民眾掃射過來……於是趴噠趴噠的有二十幾個人倒下去……連我也差點被打中……」

3 月 1 日開始烽火由北向下蔓延，新竹、桃園各有暴動。在新竹有青年學生們從北部抵達，在街頭呼籲民眾起義，而軍警也開槍鎮壓，狀況越來越嚴重。

在台北中山堂裡，由知識份子集合起來組織「緝菸血案調查委員會」。向陳儀提出四項要求，陳儀雖然表面接受但私下卻是兩面手法……

二二八事件發生的背景

　　二二八事件發生的背景與原因，一般來說可歸行政長官公署體制的特殊化、政治壟斷與接收弊端、經濟統制與民生困苦，以及社會動盪與文化隔閡等四大方面。

　　台灣省行政長官公署的特殊化體制，為日後陳儀在接收台灣、治理台灣的權力來源，造成台灣人不僅末能從日本殖民統治脫身，反而陷入更為痛苦的集權統治，埋下日後事件的遠因。而行政長官由於擁有行政、立法、司法，甚至人事、監督之權，因此形成在台專權獨斷的權力，再加上兼任台灣全省警備總司令，更形成軍政一元集權的特殊化，因此此體制頒布後許多台籍人士就大失所望。

　　當時 9 個重要處室的 18 位正副處長中，僅有教育處長宋斐如 1 人是台籍人士，17 位縣市長中只有 4 位為台籍人士，且這些台籍人士多是從中國來台所謂的半山份子，其在台灣民眾心中，本土代表性不夠。在監察使楊亮功的調查報告中，1946 年全台的公務員簡任官、簡任待遇者、薦任者外省人都占 8 成以上，委任以下及雇員則以本省人為多。而長官公署為掩飾這樣政治地位的不平等，則搪塞如台灣沒有政治人才、台灣人不懂國語文、不懂如何撰寫公文、台灣人受到奴化教育等理由，把許多受過良好教育的台灣人排斥在中高級職位外，而留用大批日籍職員，形成接收過程中留用日人多於台人的現象。在接收後，牽親引戚、結黨成群的用人歪風盛行，這些占居要職的官員也開始露出其貪婪腐化之官僚本性，將「接收」工作變成「劫收」工作，一時之間各種營私舞弊、貪贓枉法事件層出不窮，眾人競逐「五子登科」。然而，除少部分貪官汙吏遭到懲處法辦外，大多數卻都揚長而去、安然無事。

陳儀所採取經濟統制政策，也就是物質管制、金融壟斷、物品專賣，其後果卻造成民眾失業與飢餓的民生困苦之狀。如陳儀將日本人所留下的 237 家公私企業，六百餘個單位，統統納入行政長官公署所屬各處局所設 27 家公司經營；並繼續保持專賣局機構運作，其他民生物資如鹽、糖、石灰等，則由專賣局以外的機構來統制，凡是能營利的出口產品，則設置貿易局來全盤統籌，藉此壟斷全島農工產品的產銷與輸出。此外，經濟惡化的情形，首先是表現在通貨膨脹，米糧物資的不足，亦造成物價暴漲，隨之而來的即是米荒與飢餓的問題。最後，經濟統制的另一影響則是失業問題，當時失業人口約為 30 至 50 萬人，失業率高達 5.0% 至 8.3% 之間，社會籠罩著一股失業潮的低氣壓中。

就社會動盪而言，由於部分來台軍警紀律敗壞、作威作福，以致違法亂紀、欺民擾民的衝突事件不斷發生，帶給台灣民眾的印象甚差，連帶著對國民政府的觀感也日漸不佳，原先的期待逐漸轉化為失望與怨憤。這樣的衝突風氣漸盛，伴隨著經濟的混亂，連帶使社會治安日漸惡化，連公共衛生也亮起紅燈，使得人心不安。另外，因歷史的分歧而導致文化的隔閡，這方面特別呈現在語言、生活習慣以及思想與觀念的不同。由於雙方文化差距甚大，當權者又未予以重視與疏解，因而產生誤解，造成彼此間互相醜化的情形。

此外，國民黨的派系鬥爭與情報單位的操控，則可說是事件發生後擴大的深層因素。在當時的國民黨派系裡，有人是刻意擴大事端，想藉此拉下陳儀，沒想到狀況最後失控。由新出土的保密局資料更是顯示，當時情報單位已滲透各地的二二八事件處理委員會。因此，處委會被情報單位利用，不僅沒有處理動亂，反而「製造事端」，製造中央派兵鎮壓的藉口及理由。

詭計

「……目前情勢非有相當兵力，此事變恐難徹底彌平，現在台灣可用之兵僅憲兵團兩營（憲兵團第三營尚在福建現正設法調台）及一特務營至第二十一師只到一獨立工兵營，其素質甚差難以對付詭計多端又利用民眾之奸黨……現電請陳總長迅速酌調良好之步兵一旅，至少一團來台俾可肅清奸匪……」－寅冬亥親電

3月2日。

台灣各地陸續暴動，衝突不斷擴大。

在台北，二二八處理委員會首次在中山堂舉行，旁聽的民眾將會場擠得水洩不通。委員會的成員有：商會、工會、學生、民眾、政治建設協會代表，協調並處理各地的暴動及政治訴求。

然而陳儀在下午三點做了第二次廣播，公布四點辦法，承諾寬大處理。但另一方面他已向正在中國的蔣介石發寅冬亥親電報請求支援來台鎮壓。

台南方面，報紙刊出號外報導台北情況，市民各個知道後都無不緊張興奮。入夜後，青年們襲擊各派出所，警察們紛紛丟下武器。三月四日，身在台南的王育德來到大正公園，附近機關已被市民占領，許多人興奮地來到街頭，用日語及台語交談。

「自由平等！」

「打倒貪官汙吏！」

用台語大聲呼喊，並傳唱日本軍歌。

在台中，因為前一天市民們聽到台北發生大事，於是開始上街頭散發倡議召開市民大會的傳單，因此三月二日在台中戲院召開的市民大會可是擠了滿滿的人。

會中大家推舉了謝雪紅為大會主席，而後成立「台灣青年學生市民保護隊」，許多青年學生包括：台中一中、台中師範學校等前來。

謝雪紅先率青年兵赴警察局，警察局長立刻繳械，青年兵接收了槍枝武器成立武裝部隊，分別堅守市區和包圍專賣局台中分局，以及台中縣長劉存忠住宅。

> 陳儀所謂四點處理辦法為：
> 1. 對參加事件者不追究。
> 2. 被捕人民可免保領回。
> 3. 死傷者不分省籍，一律撫卹。
> 4. 「處委會」除官員、參政員、參議員外，准增加各界人民代表。

偉大美好的任務——重繪二二八看見人民迸發的力量

台中民軍

1947 年 3 月 3 日，台中。

白天，國民政府軍出動武裝卡車開始沿途掃射台中市區，和謝雪紅組織的「台中地區治安委員會作戰本部」展開槍戰，其中以教化會館戰況最為激烈，和台中民軍的戰線延長至夜晚……

「會驚欲？」年輕男子問。

「嗯……」

少年默默答了一聲，雖然外表鎮定但拿著步槍的手卻在抖著。

「雖然以早日本時代有當過學徒兵，但是上戰場嘛是頭一擺。你咧？你敢欲？」

「我喔！我才袂咧！我是去過南洋的人，哪會驚。」

「真的喔！？」少年看了一下，他身上穿的是日軍服裝，的確是一名在日本時期被徵召過的台灣人。

「你是啥物原因想欲加入作戰本部？」男子問。

「我只是想欲保護阮的家園爾，因為遮阿山兵實在有夠野蠻的！就連查某嘛欲刣！」

「一直以為四腳（日本人）的走了後，咱台灣人就會當出頭天了，但無想著他們是按呢對待咱！」少年忿忿不平地說。

「我嘛是，叫是戰爭已經結束，會當好好生活，但無想著從南洋轉來了後，頭路會遮爾歹揣……」

「好了，欲衝囉？」男子說。

「嗯！」

接近晚上十點，國民政府軍隊因受不了民兵的攻擊，及考量避免眷屬受傷，於是宣布繳械投降。

而這天在台北的上空出現了三架從南京派來的偵察機，盤旋個 25 分鐘後就離去。

自從 3 月開始後各地開始暴動，台北、台中和台南，然後換高雄了……

青春的捍衛

1947 年 3 月 4 日。

「毋好啊！頭拄仔我欲來學校時，看到兵仔佇壽山遐咧拍起來啊！」李榮河急急忙忙地跑進高雄中學大講堂中，而已有部分學生正在商討對策。

二二八事件爆發後，高雄也開始出現青年和民眾的武裝反抗。

因為尚有部分家住偏遠地區的學生仍待在學校，同時高雄中學也鄰近高雄火車站為交通要樞，因此為了保護校園安全，雄中、雄工、雄商等校的學生聯盟便聚集在雄中商討對策。

「這馬欲按怎……四界攏在暴動，尤其阮學校佇火車頭佇，彼片攏是憲兵啊。」一名雄中學生緊張的說。

「對阿，這馬還有一寡留宿生佇學校裡，真不安全。但是我看遐的警察我真不信任。」

「按呢好啊，咱來成立自衛隊，來保護咱家己的同學。學校的軍械庫猶有一寡當時日本留落來的銃會當用。」一名學生提議。

「好啊，就按呢辦。我的小妹是雄女的學生，她會使做飯丸猶有後勤的工課。」

於是他們沿襲了日本時期學長學弟制的風格，加上之前日本軍國主義的教育下男學生們都接受過軍事訓練，部分學生也曾經被徵召上戰場，於是井然有序的成立了「雄中自衛隊」來維護治安，並推舉高年級棒球隊員的李榮河和陳悲仁為隊長和副隊長。

而自衛隊的武器來自雄中軍械庫日本時期的軍訓用槍，和學長從岡山帶來的 38 式步槍，以及從陸軍倉庫拿走的子彈、手榴彈和催淚彈。

自主性非常強的「雄中自衛隊」除了派員在校園守衛外，還分隊校外巡邏，市民們看到巡邏隊伍都會豎起大拇指的說：「學生，加油喔！」

自衛隊也將外省人安置於校園內保護，並由雄女的女學生們照顧伙食。然而紀律高又單純的自衛隊可能無法想像接下來，他們會遭到指控和攻擊……

天馬茶房與台北

　　社會在不斷累積的不安氣氛中，1947年2月27日於天馬茶房附近，爆發了因查緝私菸所引起的警民流血衝突，在幾天之內衝突迅速擴大，蔓延全島各縣市，即一般所謂二二八事件。

　　在查緝過程中，私菸販林江邁因逃避不及，當場被查獲，所有紙菸和販賣所得被奪一空。在林江邁向緝查員求情時，路旁圍觀民眾越來越多，緝查員葉德根隨手以短槍敲擊林江邁，使其頭破流血昏倒。在場民眾因此聚攏包圍、高聲喊打，緝查員在分頭逃竄下，其中緝查員傅學通被追趕者抱住，在情急之下掏出手槍發射，擊中路人陳文溪胸部，其於次日不治。傅氏乘隙逃脫，此舉引爆民眾怒火，乃焚燒緝查員所乘卡車，並湧至派出所要求交出肇事凶手。

　　隔日清晨，龍山寺、延平北路一帶人山人海，群眾於街頭演說，分頭沿街敲鑼擊鼓，通告全市商店罷市。接著，民眾陸續至本町的台北專賣局分局及南門町的專賣局總局請願抗議。下午1時許，約有四、五百人，高舉旗幟、呼著口號，由台北火車站前向長官公署前進請願，要求懲凶及撤銷專賣局，然而到達長官公署時卻被衛兵開槍掃射，民眾四處逃竄，現場多人傷亡。民眾因抗議請願未成，反遭官方開槍射擊，如同在星火上添加柴火，新仇舊恨至此一迸暴發，終於引爆全島衝突。

　　此時群眾奔向各交通要道、公眾場所、旅館商店，看到外省人，不分男女，莫不以拳腳相向、棍棒交加，汽車、卡車上的外省人被拉下毆打，車輛則被推到圓環夜市附近縱火焚燒，全市秩序陷入混亂。

由於事態迅速擴大，警備總部於 28 日下午 3 時宣布台北市臨時戒嚴，武裝軍警乘卡車於馬路上巡邏，並不時開槍掃射。民眾此時則包圍專賣總局、鐵路警察署、交通局等處，和武裝軍警發生衝突，陸續有民眾被射殺。同時，民眾聚集到中山公園（現二二八公園）召開群眾大會，占領台灣廣播電台，向全台廣播，控訴政治黑暗，呼籲人民起來反抗，台北暴動消息因此傳開。

　　大致來說，2 月 28 日下午台北市發生大規模衝突，當天臨近的基隆、北縣地區也受到波及，3 月 1 日亂事擴及桃園、新竹一帶；中南部則約至 2 日至 3 日才開始有反抗行動。2 日蔓延至台中、彰化、嘉義、台南等縣市，3 日高雄地區也發生混亂，4 日屏東「三四事件」爆發，宜蘭也是 4 日發生；風潮所及，花蓮、台東等東部地區也出現較輕微的騷動，不過並無重大衝突事件，僅有接收警所武器或代為保管之事。

　　在二二八事件爆發後，民意機關向長官公署提出要求，於是成立負起官民折衝責任的二二八事件處理委員會，因處委會的緊急處置，且各地紛紛成立治安組織，動亂至 3 月 4 日已有歇息跡象。而以士紳階層、社會菁英為主的談判協商路線，與群眾、青年為主的抗爭行動，此兩種路線同時並進，但兩者之間未有效整合，共同對抗官署，反而自相抵銷力量，甚至遭到官方分化運用，或成為軍隊鎮壓的藉口。

雄中與國民政府軍的交戰

「啊！這是啥物溫銃阿！」

「緊倒覆！」

緊接一陣如西北雨的子彈襲來，猛烈攻擊著在高雄火車站前的學生。

1947 年 3 月 5 日。

國民政府的憲兵隊封鎖高雄火車站，並在二樓架設機關槍，讓人無法靠近，甚至部分民眾被困在車站的地下道裡。封鎖火車站導致交通停擺，使民眾無法搭乘火車，需要靠鐵路運輸的糧食也都無法進入高雄，嚴重影響了人民的生活。

因此高雄中學自衛隊決定組織「決死隊」轉守為攻，所有學生身穿制服，頭戴學生帽，佩掛日本刀和手榴彈，部分學生也帶著步槍。兵分三路的前往驅離駐紮在火車站的憲兵。

第一路占據火車站前的長春旅行社二樓上。第二路由雄商和雄工學生組成，沿著鐵軌前進，繞到車站後方。第三路打算正面突襲，於是從建國路挺進，先占據車站右前方的公車站，再匐匐前進。

一聲令下，發動攻擊。

首先從長春旅行社屋頂上開槍，但沒想到疏於保養的子彈品質不良，無攻擊性，還沒射到憲兵隊前就落地。

另一隊的學生不知道日式手榴彈需要打一下再丟出，結果擲出的手榴彈都沒爆炸。

接近中午，憲兵隊發現有另一隊人馬躲在前方公車亭，便開始瘋狂掃射。子彈打在售票亭，頓時飛煙四起，揚起許多水泥碎片和木屑。

「我中銃阿！」此時有一名雄中的校友，顏再策學長腹部中槍。

就這樣 38 式步槍還是不敵擁有美援武器的憲兵隊，對峙了將近 5、6 小時，直到由與憲兵隊長交好的高雄一中父兄會會長陳啓清出面和憲兵達成停火協議。

但不幸的是，顏再策還是在這場交戰裡中彈身亡。他是一名師大英語系的雄中學長，同時也是能以中英台日四語進行溝通的翻譯者。

不久憲兵隊撤退，學校附近已無軍隊出沒，讓學生及居民得以度過平靜的晚上。但這時憲兵隊已在要塞司令部迅速整隊，準備再次向市區駐軍……

煉獄 TAKAO

「只要舉出白布，表明和平投降的善意，大家都會沒事。」

然而這些正值青壯年的台灣菁英們，還沒等到屬於他們的時代來臨，才剛步出高雄市政府後，隨即被軍隊無情的掃射，就此殞落。

1947 年 3 月 6 日，高雄大屠殺。

高雄市二二八事件處理委員會在高雄市政府禮堂召開會議。推派黃仲圖，彭清靠、涂光明、曾豐明、林界等七人為代表，向要塞司令彭孟緝交涉，希望彭孟緝能夠禁止巡邏隊射擊市民，並撤退巡邏隊，將部隊留在軍營內，不要外出。

但是要塞司令彭孟緝卻當場將七位代表中壓綁四人（事後處決三人）。接著彭孟緝下令攻擊市政府，火車站和高雄中學。

這時在市政府裡仍有許多委員和民眾正在等待談判的消息，不料卻被軍隊包圍。當眾人不知該怎麼辦時，高雄參議員黃賜提議將白布綁在拐杖上，代表和平投降的善意。於是一行人在黃賜的領導下走出市政府，他們認為這樣大家都能平安無事，但沒想到走出大門時就被在外頭的軍隊不分青紅皂白的掃射。

隨後軍隊也向市政府裡頭的委員和民眾投擲手榴彈及開槍，頓時哀聲四起，當場五、六十人遭到槍殺。

持續一天的濫殺讓高雄宛如人間煉獄，子彈就像西北雨般打著。軍人們不論男女老幼，見人就開槍，許多民眾連忙跳進愛河裡，而晚間雄中也遭到迫襲砲砲擊，不過學生們已在傍晚時分撤離校園，因此已無任何武裝學生。

恐怖的一天過去，躲在家中的老弱婦孺們等到軍隊稍歇之後，才敢出來尋覓親人的屍體。這次死亡人數達數千人。

北緯 23.5 度的衝撞

　　二二八事件發生後台灣各地都有反抗的民兵出現，如：台中、雲林、嘉義和高雄，其中以嘉義民兵對軍事重地包圍戰最激烈，也幾乎是所有嘉義市民都總動員。

　　二二八事件在 3 月 1 日已從北台灣傳到南台灣，民眾無不情緒激憤，當日在路上已有本省人與外省人間的衝突發生。而隔日在嘉義噴水池與火車站間，有青年們對民眾呼籲起來反抗，也有群眾欲燒毀市長官舍、控制鐵路等交通油電設施，並且占領廣播電台。另一方面嘉義市長要求駐軍入城鎮壓，雙方衝突更加激烈。

　　3 月 3 日，眼看嘉義市已成無政府狀態，衝突也越來越大，民間召開市民大會組織「嘉義市二二八事件處理委員會」，負起市內治安工作，也希望能透過協商來促進政府改革。

　　他們利用電台向全台號召志願軍，因為動亂而無法做生意的生意人只好關門，加入維護社會治安的行列。有戰場經驗的台籍日本兵和男學生組成民兵隊，女孩子和婦女們則是負責捏飯糰，飯糰是一箱箱的排好後，由男學生載走並分發給前線需要的地方。

　　在當時的時空背景和氣氛下，嘉義市民幾乎各階層的人都出動，不分男女，在一戶派一人的口號下參加了維持市區治安和捏飯糰的工作。

　　特別的是這起事件中除了嘉義市民的動員外，還有阿里山的鄒族也下山支援。

　　1947 年 3 月 7 日，阿里山的鄒族在湯守仁和高一生的領導下來到嘉義支援，這些原住民多半當過日本兵，因此身穿日本軍服並拿著傳統大弓下山，也由於原住民以日語溝通，讓人一度以為日人也來參戰。起初維護市區治安，而後支援民兵攻打紅毛埤軍械庫，善戰的鄒族部隊利用森林的地形潛入倉庫區，攻下軍械庫。

　　也因為有嘉義市民的總動員和各地來的應援團，以及原住民的支援，這樣的氣勢和效率讓國民政府軍孤單勢危，只好退至水上機場。

二二八處理委員會的成立與改組

　　在各地陸續發生混亂衝突之際，有部分地方人士和民意代表相繼出面與官方交涉，提出改革之要求，即是在此次事件風暴中心台北市，成立「二二八事件處理委員會」（簡稱處委會）為主軸來進展。台北市處委會的成立，可從 3 月 1 日台北市參議會邀請台籍國大代表、省參議員、國民參政員，於上午 10 時在中山堂成立「緝煙血案調查委員會」談起，在該會議中決議推派代表晉見陳儀，提出官民共同組織處理委員會等五項請求。經由陳儀同意，乃由 3 月 2 日下午 2 時，於中山堂召開二二八事件處理委員會，會中除公署代表 4 人出席外，民意代表及旁聽群眾之參與非常踴躍，會場擁擠不堪。會中決定採取政治建設協會的意見，由商會、工會、學生、民眾、政治建設協會等五方選出代表參加，以增加陣容強化組織。之後，又經主席周延壽表示，陣容可再擴大，乃決議包含全台各縣市參議員，國大代表等均可參加。

　　3 日至 4 日處委會擴大召開會議，並推派代表至公署協商討論，4 日上午決議擴展為全省性機構，通知 17 縣市組織處理委員會分會，處理地方治安維護與居間協調官民糾紛外，另外也推派代表參加台北處委會之會議。此決議使得處委會從處理單一事件的組織，擴展及成全省性組織，然而長官公署另有策謀，政府部門的代表已不再出席會議。5 日下午 4 時，亟欲擴張為全省性組織的處委會於中山堂召開臨時大會，會議由陳逸松主持，會中通過了〈二二八事件處理委員會組織大綱〉，以及〈八項政治根本改革方案〉。自此，處委會從過去僅提出與事件相關的治安、撫恤議題，進而決議建立明確組織，並提出政治改革訴求。由 3 月 4 日至 5 日，是處委會角色轉變的關鍵期。4 日，決議通知成立各縣市分會，並在與陳儀見面時提出政治改革要求。5 日，處委會組織規模與定位大幅提升，並且驟然將談判條件從事務層次提高到政治層次。

6 日上午仍持續開會運作，選出常務委員計有林獻堂、陳逸松等 17 名，候補 2 名外，6 日晚間，陳儀向全省民眾發出第三次廣播，更進一步退讓，但這只是其暫時緩兵之計。7 日上午，王添灯報告〈三十二條處理大綱〉，獲得通過。下午，市議會副議長主持會議，在會場秩序混亂的情況之下，又增列政治方面十項要求。當晚處委會代表黃朝琴、王添灯、吳國信等人將〈三十二條處理大綱〉面呈陳儀，竟被陳儀當場斷然拒絕。傍晚 6 時 20 分，處委會宣傳組長王添灯向中外廣播，除闡述事變原因、經過，另報告本日處委會開會經過，及所提要求被陳儀所拒情形，並宣讀〈三十二條處理大綱暨政治方面十項要求〉之內容。8 日，由於所提要求被陳儀所拒，且有國民政府軍開來之說，處委會部分委員緊急商議補救辦法，發表聲明推翻昨日決議。然而，國民政府軍一上岸後情勢重大逆轉，10 日處委會及各地分會被陳儀下令解散，就此草草落幕。

　　事後來看，其實在事件初起，在台官員皆認為此次事件是由「奸人」煽動，使得群眾盲從暴動，並未因此反躬自省或秉公辦理，平息民怨。等到 3 月 1 日全台各地衝突已非官方所能掌控，長官公署就採取兩面手法，一方面同意由官民共組的處委會，以協調解決事件之衝突；另一方面，卻又分派軍情人員混入處委會，居中破壞或監控與會者。更甚者，在是否有請求援軍這個問題上，明明於 3 月 2 日事變之初，陳儀就向中央請兵（電文為寅冬亥親電），打算以武力平亂，卻在處委會相關人員多次詢問下，又屢屢欺騙說謊。總之，在援軍仍未抵台之前，長官公署假意接受處委會之各種要求，卻又急電中央派兵，並從中分化組織、進行滲透運作，製造所謂「叛亂」藉口，因此處委會 5 日起看似逐步壯大，實是步步掉入長官公署與警備總部的陷阱中。

紅色雨港

「阿清，阿爸欲出去辦代誌，店予你顧一下。」

這天早上，男孩的父親交代完事情後就外出辦事去，留下男孩在家中顧店。

到了下午遠方突然傳出陣陣槍聲並夾雜人們的尖叫聲。男孩把頭探出去一看，看到一群軍隊見人就開槍，拿槍的軍人們說著他聽不懂的語言在吆喝著，在路上，無論大人或小孩一律都射殺。

男孩被眼前的恐怖景象嚇得兩腿癱軟，只能連滾帶爬的躲在門邊，害怕的感覺隨之襲來，他努力克制自己不要發出聲音但卻無法壓抑身體發抖，就這樣槍聲、腳步聲、吆喝聲和求救的呼救聲越來越近……

二戰時期台灣雖然不斷遭遇來自盟軍的空襲，但卻免於地上戰。最後日本戰敗，台灣島民們滿懷期待的歡迎祖國的接收，卻沒想到是一場比空襲還恐怖的大劫收。

1947 年 3 月 8 日，閩台監察使楊亮功所搭乘的海平輪和憲兵兩營由福州抵達基隆。下午，基隆市區槍聲大作，路上無論大人小孩、男女老少一律射殺。

第二天，3 月 9 日陳儀向中央要求的援軍二十一師登陸基隆，也展開無差別的屠殺，街上有任何移動的人當場射殺，之後的幾天數百名基隆民眾手腳被鐵絲貫穿，三五人一組被拋進海中，基隆港灣因此被鮮血染成紅色。

這是基隆大屠殺，死傷者和失蹤者數以千計。

恐怖暗夜

1947年3月8日下午，基隆的情況已傳到台北，台北市民各個無不緊張，天未黑，路上都已無行人，家家戶戶熄燈關門，全市籠罩在陰霾中。

深夜，突然槍聲大作，四處都是很激烈的機槍聲，偶爾還有大砲聲。

「糟了，太太不知道怎樣擔心啊。」吳濁流的朋友余君擔心的說著。

余君原本在吳濁流家中商量事情，由於時間已晚，余君只好留下來過夜。但夜深後，全台北市彷彿像炒豆般，槍聲大作，聲音好像是城內的方向和圓山一帶傳來，情況危險哪裡都不能去，於是兩人在這不安和詭異的氣氛下等待天亮。

隔日3月9日早上，吳濁流打開收音機，廣播說昨天晚上有暴徒發動攻擊，襲擊圓山海軍辦事處、軍用倉庫、公署及台灣銀行等處，經過國軍的一番激戰，已將暴徒擊退。

但不可思議的事情是，事後吳濁流特別到城內看看台灣銀行，但卻沒有看到被襲擊的痕跡。而這天警備司令部再度實施戒嚴令。

另一方面，參謀長柯遠芬帶著閩台監察使楊亮功，來到圓山陸軍倉庫前面廣場，向楊亮功指著在廣場上數百具屍體說：「這些是昨晚進攻倉庫的暴徒們，都被國軍所擊斃。」

楊亮功看了看不多做回應，事後對他的跟隨人說：「倉庫沒有戰鬥過的跡象，這些死者都是青年學生，又沒攜帶武器……」

有一說法指這些死屍是當時出來維護社會治安的學生。而在蔣渭川的記述中描述，「有目擊者提到，國軍在圓山附近放了很多空槍，一段時間後由卡車運來死屍，換上國軍衣服及日本國民衣來製造出戰死的樣子。」

而3月8日晚間這場「假戰鬥、真殺人」的事件，也讓當局有個再度戒嚴的理由。二二八事件處理委員會也被下令解散，讓整個台北的氣氛完全改變。

這是1947年的圓山事件。

消逝的教育先行者

「我一生又沒有做什麼非法或敗德的事。為什麼我要藏起來？」

他對著兒子這樣說。

然而幾天後的 3 月 11 日晚上，他被幾名身穿中山裝的不明人士以「台大校長有請」為由給帶走，就此行蹤不明。

他是林茂生，台灣留學美國哥倫比亞大學的第一位哲學博士。

在日治時代裡他清楚知道自己的「祖國」不是日本，因此他要求子女在家說台語、讀漢學、學羅馬字。

「宗義，你要來讀這所學校。」

父子倆在台南公學校前看著，他的兒子林宗義看到當時很多校中學生還是打赤腳上課。而兒子也當場答應父親的要求。

他堅持讓自己的孩子讀公學校，此舉令很多台南人感到意外，也顯示他對於自身認同非常有想法，另外林茂生也希望讓台灣人接受新式教育，因此奔走全島，到處演講。

最後留學美國的林茂生，以其論文《日本統治下台灣的學校教育：其發展及有關文化之歷史分析與探討》的研究，拿到哥倫比亞大學哲學博士學位。畢業後校方希望他能留下來任教，但他卻說「台灣需要我！」因此婉拒，並回台灣致力於教育平權。

日本戰敗後，他也向多數的台灣民眾一樣歡迎「祖國」。和其他知識份子協助國民政府接收台北帝國大學，擔任代理文學院院長。但當時來自「祖國」的人醜態畢露，讓台灣民眾非常反感，他卻用包容的心態來看待這些事情「畢竟中國亂了這麼久，應該要更寬容」。不過也因為他所主持的《民報》不斷披露當時國民政的府貪汙和腐敗行徑，因而被當局盯上。

就在 1947 年 3 月 11 日晚間，被特務給帶走，一去不回。

多年後，「大溪檔案」終解密，檔案上寫著林茂生的罪名是：

一、陰謀叛亂，鼓動該校（台灣大學）學生暴亂。
二、強力接收國立台灣大學。
三、接近美國領事館，企圖由國際干涉，妄想台灣獨立。

如此羅織罪名，台灣的一代菁英就此消失。

綏靖及清鄉

　　國府援軍抵台後，展開所謂「綏靖」與「清鄉」工作，這是台灣社會從未聽過的名詞，但這一套作法在中國有長久的經驗，而這樣的「綏靖」與「清鄉」行動，事實上即是把台灣的動亂視為共產黨作亂，所進行的軍事掃蕩與政治鬥爭。

　　國民政府軍的「綏靖」計劃大致是先鎮以兵威，初期 3 月 9 日至 20 日中心任務是以武力平定抗爭，繼而進行「清鄉」，則是清查戶口、搜捕可疑份子，並辦理「撫慰」、「自新」之工作。根據警總與整編 21 師所擬的「綏靖」計畫，自 3 月 20 日後將全台劃分由 5 個「綏靖」區擴大成 7 個，以該區最高軍事單位主管為司令，並配合「綏靖」計劃，頒布「清鄉」計劃、「自新」辦法及情報部署。（援引自：張炎憲等執筆，《二二八事件責任歸屬研究報告》，頁 66；陳翠蓮，《重構二二八：戰後美中體制、中國統治模式與臺灣》，頁 366-372；賴澤涵總主筆，《二二八事件研究報告》，頁 208。）至 5 月 16 日，魏道明就任台灣省政府主席，解除戒嚴，結束清鄉，警備總部亦將各綏靖區改為警備區。

　　3 月 8 日早晨，福建調來的憲兵兩營到達基隆港，直到晚上才登岸，凌晨軍隊分乘卡車，直駛台北。3 月 9 日清晨 6 時，憲兵第二十一團一營自基隆抵台北，警備總部宣布台北市再度戒嚴，並「派兵彈壓變亂，搜捕奸暴」，在台北市除 8 日晚至 9 日曾有零星攻擊事件外，10 日後因國民政府軍援軍不斷進駐台北，大軍鎮壓未遭受到任何反抗就宣布結束。在武力綏靖期間，3 月 10 日，陳儀向全省民眾廣播，宣布全省臨時戒嚴，同日並下令解散二二八處理委員會及一切非法團體；查封多家報社、學校及查扣「反動刊物」；各地曾參與這些團體的重要幹部，或是地方士紳，紛紛成為被捕殺和追緝的對象。

在 10 日正午以前，整編二十一師四三八團快速挺進台北，全面控制台北、基隆間各要地。11 日，二十一師司令部與四三六團於拂曉前亦抵達基隆，其中四三六團先運台北，以便南下；並有四三六團一營空運嘉義機場增援，於當晚將前來機場交涉的陳復志等人扣押，突擊嘉義市區。當天並進駐台南市區，占領台南火車站與台南工學院，獨立團第二營則向台東、蘇澳、宜蘭方面推進。12 日，憲兵第二十團一個營、二十一師司令部及直屬部隊陸續抵基隆並進駐台北。同日，柯遠芬電告國防部長白崇禧稱 3 月 20 日以前，全台秩序可恢復。19 日，來台宣撫的白崇禧向蔣介石報告台灣僅有「少數奸匪」約二千人，僅二十一師、憲兵及要塞守兵已足平亂，因此預定來台的二〇五師可免調。足可見陳儀方面所謂的「暴亂」，未若在台官員向中央反應那般嚴重。

事實上，國民政府軍增援部隊抵台之後，短短十日之內就控制了全台各地，軍隊挺進過程中幾乎沒有遭到任何抵抗，只有撤退到埔里的二七部隊、以及陳篡地所領導的斗六民兵曾零星交手。國民政府軍未遭遇強勁抵抗就全面控制局勢，正說明了台灣動亂並非有組織、有計畫、有領導中心的反亂。各地抗爭武力皆是臨時組成毫無訓練，加上反抗勢力分散，單薄的武力實不足以對抗裝備精良的正規軍隊，故而不堪一擊、迅速潰散。

然而，在綏靖、清鄉期間，各地傳出不少地方人士因為個人恩怨或派系糾葛，而遭人恐嚇勒索、密函陷害或報復暗殺；也有不少民眾在軍警鎮壓時，被無辜濫殺而淪為槍下亡魂。根據 1992 年 2 月行政院「研究二二八事件」小組公布的《「二二八」事件研究報告》，總計全台和澎湖地區在鎮壓與整肅前後死亡人數，以人口學的推計約在一萬八千至二萬八千之間。

死寂的驛站

1947 年 3 月 11 日。

在八堵，基隆大屠殺才剛過，政府便以廣播告訴民眾可安心上班。

八堵車站副站長許朝宗準備出門，但妻子在一旁勸阻。

「無去跟人換班也不行。」他說。

「你要去跟人換班，也不要去車頭坐，去人家厝內坐較安全。」妻子說。

於是許朝宗就這樣前往火車站上班。

然而剛上班沒多久八堵車站就傳出槍聲。

澳底砲台台長史國華帶著三十餘名士兵包圍八堵車站，不問原因開槍掃射，當場殺死五名台鐵站員，隨後要求其他站員在月台上下跪，並點名帶走 3 月 1 日值班的人員和站長李丹修、副站長許朝宗等十多人，從此這些人一去不回。

事情要追溯到 3 月 1 日，當時駐守澳底地區的國軍前往基隆領糧，在火車上與乘客發生衝突，一路打到八堵車站，到車站時站務人員馬上將傷者包紮，並安排下一班火車將士兵帶離。

而衝突事件卻演變到 11 日上午，這些盡忠職守的站務人員反遭原本應該要「保衛家園」的「國軍」報復。從此下落不明，連屍體也找不到。頓時所有被害者的家庭喪失經濟支柱，八堵站長李丹修的兒子李文卿在父親失蹤後，全家被趕出台鐵宿舍後繼母也離他而去，四兄弟相依為命，靠著打雜工、撿破爛維生。

許朝宗的太太許江春，事發後天天都在尋找丈夫，不論在海邊、荒郊野外，哪裡有屍體就往哪裡跑。雖然一度有自殺的念頭但還是忍了下來，一人獨自扶養三個小孩。

八堵車站的悲劇是二二八事件中台灣社會的縮影，諸如此類的情況在 1947 年的 3 月後天天上演，而大屠殺完後緊接著就是大逮捕行動……

偉大美好的旅行——重繪二二八看見人民迸發的力量

堅毅的南國巨樹

3月的初春，溫暖的陽光灑在台南大正町。道路兩旁種著鳳凰木，平常是林蔭大道，花季一到時，便會綻放大朵大朵的鳳凰花，為這年年如夏的南國更添增炎熱的氣氛。

而大正町的另一端有七條主要道路交會而成的圓環，在這圓環的正中央就是大正公園（今湯德章紀念公園）。在日治時代裡是當時台南市民的休閒廣場，夏天也是納涼的地方，一邊納涼一邊看電影別有一番情調。

但是 1947 年 3 月 13 日這天，台南民眾們沒有心情享受這溫暖陽光，街上瀰漫著肅殺氣氛。隆隆的卡車聲從另一頭傳來，市民們站在騎樓下以不捨的心情看著那位在卡車上即將被處決的人犯－湯德章。

湯德章，是一名台日混血兒。母親為台南人，父親為當時奉派來台的日本警察。但父親在噍吧哖事件中遇害後，全家在楊醫師的資助下勉強度日。

湯德章小時候就是個孩子王，非常有大將風範，而他也非常勤學聰明，考進了公費的台南師範學校，但兩年後因而輟學返家務農，在這期間不僅讀漢文，也習得一身的中國和日本武術。

之後考入台北警察練習所畢業後在台南警察署擔任巡查，幾年後升至警部補。其中也曾被派往中國廣東和廣西任警察顧問。

雖然他是個台日混血兒，但卻沒享受到日本人當時的待遇，讓他對於這種歧視待遇頗為不滿，也因為對正義的堅持，因故辭去了警察職務，並遠赴日本考取高等文官考試，回台後在台南開律師事務所，他時常為台灣人伸張正義，收取廉價的訴訟費用，或義務辯護。

二二八事件，他負責維護台南治安工作，擔任「二二八事件處理委員會」台南分會治安組組長。3 月 11 日三十名憲兵闖進湯德章住處，要求他交出處委會和學生的名單，但他卻一面用柔道拒捕一面爭取時間將名單燒毀，因而拯救當時許多台南工學校學生和知識份子。

3月13日，在卡車上的湯德章雙手被反綁，背上插著書寫姓名之木牌，遊街示眾。雖然他那被嚴刑逼供的身體已不成人形，卻神情自若的對台南市民們微笑示意，卡車來到大正公園，這就是今天他將被槍決的地點。

　　臨行時不斷遭士兵踢踹，要求跪下，但湯德章不畏懼的向士兵破口大罵，他不願下跪反而直挺挺的站著猶如一旁的大樹般，堅定不移。

　　「我身上流的是大和魂的血！」他用台語說。

　　隨後用日語說，「台灣人！萬歲！」

　　碰—
　　子彈穿過湯德章的身體。

　　碰—
　　第二聲的槍聲再度響起。
　　但湯德章仍然屹立不搖的站著。

　　碰—
　　第三聲槍響，貫穿鼻樑及前額，湯德章才緩緩的倒地，而現場也傳來陣陣哭聲。

　　執行者用了三顆子彈才讓他倒下，湯德章從容的面對死亡，這樣的勇氣與精神讓在場觀看槍決的民眾為之震撼與敬佩。

　　但事件過後，高等法院的判決下來—「湯德章無罪」。

正義！堅強！帶給所有人幸福！

「王育霖你應該走的路是：正義！堅強！帶給所有人幸福！」— 1938 年 1 月 11 日

這位就讀台北高等學校文科一年級的少年，在日記上寫下這段話期許自己。

幾年後他考上日本東京大學，並在大三時成為日本本土第一位台籍檢察官，他是王育霖，那年他才 24 歲。

1947 年 2 月 28 日，王育霖與友人在大稻埕的山水亭飲酒，突然外頭有陣騷動，原來是查緝私菸而引發的群眾抗議。當晚他立即向弟弟寫信「……我看到整個城市鬧哄哄，必定會發展成大規模的政治鬥爭。我們的時代似乎提早地來到了。我們要振奮起來！不過，我完全沒有接觸到這場動亂，請安心。」

接著 3 月 14 日，王育霖出門為朋友送行，但在途中發現沒帶皮夾而返家。不料一群穿中山裝的陌生人也跟著闖進來，他們沒帶任何逮捕令或通緝像，在夫婦倆的租屋處把所有人叫出來，一一盤問誰是王育霖。

「這裡沒有這個人！」王育霖的太太機警的說。

但他們卻一個一個搜身，結果在王育霖的西服內的名字被認出來，終於失去逃走的機會。

「跟我們來一下。」

「不需要行李嗎？」

「帶一些暫時要用的。」

他的太太用顫抖的手收拾了一箱替換衣物，裝不進去的士兵還站在行李上壓下去，王育霖沉甸甸提著，被押進停在門外的吉普車裡。

他的太太光著腳追上去。

「我先生沒做什麼壞事，你們為什麼要叫他去？」

隨即被一旁的士兵拿出手槍抵住喉嚨。

「妳再多說，我就槍斃妳！」

就這樣太太只好眼睜睜看著先生搭乘吉普車離去。

時間回到 1945 年戰爭結束，當時在日本的王育霖馬上返台希望能夠大展抱負實踐理想。

回台後就被派到新竹當檢察官，任內偵辦了許多走私和貪汙的案子，其中以新竹市長郭紹宗所涉及的貪汙「粉蟲案」最為棘手。當時王育霖帶著逮捕令來到市政府想捉拿郭，卻反被警察包圍連卷宗也被搶走。

王育霖憤怒之餘，只好辭去檢察官職務，改任台北建國中學的教師，準備申請律師執照，他也受林茂生的邀約擔任《民報》法律顧問，期間也用假名在《民報》上投稿，抨擊政府的貪汙腐敗。

如此生性耿直，公正不阿的個性讓他成為政府的眼中釘。

他也為了保護自己而勤練空手道，以防哪天罪犯來尋仇，但沒想到對方有的是槍以及龐大的利益結構。

1947 年 3 月 14 日這天被抓去後，再也沒回來，那年他才 27 歲。

王育霖被抓走後，他的太太背著孩子每天都在屍堆中找尋先生的屍體，今天南港明天大橋頭。

而這一年晚春的某個夜晚，弟弟王育德夢見頭部從右頸到左眼窩及右鬢角部分開兩個洞的王育霖，一邊微笑著，一邊走進寢室，身上的白襯衫都被血染透了。他心想逮捕時，應該帶有一箱換洗衣物才對，不應只是穿著一件白襯衫呀！正想起身責備時才發現哥哥口中喃喃低語著「阿德，一切拜託你了。」說完馬上消失。

王育德心底絕望著知道哥哥大概已經被槍殺。

武裝鎮壓最早的高雄地區

　　時人指出在各地民眾騷亂期間，打得最厲害的地方，當以高雄、嘉義、基隆三地最為慘烈，軍民死傷也最多。其中，基隆和高雄因有要塞司令部的軍隊駐守，故軍隊較占優勢，民眾傷亡較多。

　　高雄市由於當時駐軍兵力頗多，因此雖有民眾反抗行動，但未獲得官方正面回應，反遭受強硬的軍事鎮壓，成為二二八事件當中，最為悲慘且血腥的受害地區之一。

　　高雄市爆發衝突事件是從3月3日開始，惟早在先前地方軍政要員已獲得台北二二八事件之消息，高雄要塞司令彭孟緝早在3月2日已主觀認定是「奸匪陰謀」，4日就反對談判手段，決定以武力平亂。接著為了軍事平亂的準備，乃假意談判，拖延時間以利準備，6日利用談判的假動作，誘使民間代表深入壽山，不知有詐的高雄市長黃仲圖、參議會議長彭清靠、苓雅區區長林界及凃光明、范滄榕、曾豐明、台電公司高雄辦事處主任李佛續等6人上山，彭孟緝即先將民間行動總指揮凃光明以行刺罪名逮捕，又對5位民間領袖限制行動。當所有的行動都結束後，彭孟緝才將市長、議長、李續佛放回，而凃光明、范滄榕、曾豐明、林界則被處死。

　　在6日下午2時，彭孟緝下令軍事鎮壓行動，軍隊兵分三路攻擊市政府、火車站、高雄中學。攻擊武力除要塞司令部所屬，另有21師何軍章團第3營分成二路合擊。當要塞部隊抵達火車站時，曾遭高雄中學畢業生顏再策率領學生開槍阻擋，然因火力懸殊而敗退，軍隊進而開槍掃射火車站出入人群。民眾見狀四處逃散，有的躲避不及在路上直接遭到射殺，有的躲入地下道仍被尾隨軍隊屠殺，造成車站附近，哀嚎遍野，傷亡慘重。21師何團第3營在攻擊火車站後，接著進入高雄第一中學，因雄中二樓建築物有人發槍擊中兵士，造成傷亡，下午6點左右軍方以迫擊砲向雄中發射五、六發後，雄中方面沒有再發出槍聲。7日上午團部、要塞部調來的砲將雄中牆壁上打了

一個洞，雄中校內不再有聲音。步兵班進入校園調查，因學生早已散去並未發現學生，在前進時發現男女外省人六、七百名，乃將之全部予以救出。

　　另一批部隊則攻入市政府，由於當時市政府內除了原先處委會正在開會等待市長等人上山談判消息，也有不少市民前往關心，所以聚集許多民眾。然而沒有料到，軍隊一到市政府就無預警向市府內投入手榴彈，並見人就瘋狂開槍，在市府內的人根本無法反擊與逃避，只有任人宰割，造成律師陳金能、市參議員許秋粽、黃賜、王石定等約五、六十人喪命於市府。是日晚上駐守士兵聽到防空壕地下室有人交談，請示上級後就丟下手榴彈，地下室的人被炸成碎片。當市參議員邱道得奉命勞軍，進入市府時，腳下踩的都是屍體，市府內血流滿地，一如泥濘。郭萬枝妻子到愛河尋夫認屍，見橋邊約有五、六十具屍體；直到 3 月 9 日下午，市政府前還有幾十具屍體，不准民眾抬回，而由軍人在看管。在彭孟緝率先武力鎮壓下，高雄地區的綏靖、清鄉工作於 3 月 7 日即展開，要塞部隊在市區內逐戶搜查，不但搶劫民戶，甚至強暴婦女，市區混亂不已，宛如人間煉獄。

　　然而，這個因殺人如麻，濫殺無辜，在民間得到了「高雄屠夫」惡名的高雄要塞司令彭孟緝，卻因在事件中率先以軍事行動及血腥屠殺鎮壓台灣民眾，自此獲高層極大的賞識而一路官運亨通。

　　據 1947 年 4 月台灣旅滬六團體所撰的報告書中指出「台胞被屠殺之人數初步估計以高雄最多，約三千餘人。」；而到台灣考察事件的監察委員何漢文，也指出彭孟緝對其說過「從三月二日到十三日，高雄市在武裝暴動中被擊斃的『暴民』，大約在二千五百人以上。」

恐懼

　　二二八事件爆發後，台灣民眾隱忍許久的怒氣開始由北往南延伸，面對這軍紀腐敗的政府各地組織民兵進行武裝抗爭，知識份子也組成二二八事件處理委員會，希望與台灣省行政長官陳儀協商談判。

　　陳儀一方面欣然同意處委會所提出的改革內容，但一方面也向正在對岸進行國共內戰的蔣介石請求軍隊增援。3月8日陳儀終於等到增援部隊的到來，於是開始在各地展開武力鎮壓，而他也一改之前對處委會寬容的態度，解散所有他認為非法的「非法組織」，這也包括二二八事件處理委員會。

　　隨後更實施「清鄉」，逮捕了許多台灣的知識份子，像是林茂生、王添灯、王育霖以及陳炘等人……這些人未經公開審判就被秘密處決。

　　但相較於北部的秘密處決，在中南部地區則有許多武裝反抗的民兵，因此政府在南部採用遊街、公開處決、曝屍的方式，這樣做來達到殺雞儆猴之效果。

　　台灣在日本統治時期雖然有諸多不平等和歧視的待遇，但台灣卻是在這五十年間逐漸形成一個法治的文明社會，因此當國民政府軍隊在犯人的背上插著姓名之木牌，並五花大綁的遊街示眾，最後公開槍決以及曝屍，讓當時的台灣民眾對這野蠻的封建行徑感到非常不可思議也害怕。

　　「二二八事件的結果，中國人的極度殘酷使台灣人嚇破膽，沉默了下來。管它甚麼通貨膨脹，若能保住朝不保夕的一條命，就必須感謝老天爺了。剩下的，就只能找些身旁的微小幸福，用以排遣俗世日子了。」─ 取自《王育德自傳暨補記：台灣獨立運動啟蒙者》

偉大美好的旅行——重繪二二八看見人民迸發的力量

48

烏牛欄之役

「為了紀念 2 月 27 日的慘案，也是這整起事件的引火線，因此我將此部隊命名『二七部隊』！」

二二八事件爆發時，在台中的鍾逸人為了保衛鄉里，於是他想起了一年多前有一位日軍官員岸本重一給他一份日軍埋藏軍火的位置圖，然而在半信半疑下他循著這份地圖竟然真的找到武器，於是開始建軍，整合各地隊伍。

1947 年 3 月 6 日成立「二七部隊」，組織成員有台中商業學校、台中師範學校學生等。並由謝雪紅擔任總指揮，而鍾逸人擔任部隊長，曾有日本軍經驗的黃金島擔任警備隊長負責訓練學生兵。

希望能用武裝部隊的力量成為和政府對話的籌碼，想尋求像當時愛爾蘭模式最高自治。

然而 3 月 8 日，經陳儀請求來的增援部隊陸續從基隆及高雄登陸，展開大規模清鄉行動。二七部隊為了避免將戰事波及台中地區，因此決定退守埔里並駐紮在南投的武德殿中。

而他們也利用國民政府軍懼怕日軍的弱點，開始四處散佈有大量殘餘日軍潛伏在二七部隊中的謠言。再加上當時學生兵多半在二戰後期受到軍事訓練，因此無論口號和操演都很像日本軍隊，這也讓國民政府對二七部隊作戰更為謹慎。

1947 年 3 月 15 日，二七部隊遭到國軍包圍。21 師分別從台中到埔里和日月潭一側進攻，而二七部隊在派出主力隊伍成功奇襲日月潭。

16 日清晨兩方在埔里的烏牛欄激戰，當時黃金島率領三十餘名學生軍駐守在烏牛欄吊橋南、北兩側的高地上，利用地形優勢，從早上對峙到傍晚，槍聲爆炸聲不斷，最後國軍受到重創逾 200 人傷亡，但二七部隊也因彈藥用盡，於晚間解散，結束中部地區武力抗爭，這段歷史後來稱為「烏牛欄戰役」。

二七部隊是當時台灣在二二八中最後一支武力抗爭隊伍，也因為這支隊伍的關係使得台中得以成為未遭國民政府軍大規模濫殺的城市。

最後的戰俘

二二八事件爆發後，台灣各地紛紛武裝保護家園。在雲林也有陳篡地醫師所組織的「斗六隊」民兵，保衛鄉里和抵抗國民政府軍的濫殺。並帶隊攻打當時由國民政府軍所占領的虎尾機場，終於攻陷機場後，接收槍械彈藥退守至斗六。

陳篡地，彰化二水人。在日治時期就讀台中一中，畢業後赴日就讀大阪高等醫學專門學校。在日本求學期間對政治很有興趣，曾參加日本左派社團的活動，不過當時日本政府正在取締共產黨，陳篡地最後被日警逮捕並一度入監，但也由於在校成績優異，教授將他保釋出來，並納悶地說：「這個學生成績這麼優秀怎麼有時間去搞政治？」

畢業後回台，先後在斗南、斗六開業行醫。也由於對待病人慷慨好善樂施，而獲民眾愛戴。

二戰期間，被日軍調至越南當軍醫。搭乘的「靖神丸」不幸遭敵機攻擊而沉船，而幸運存活的陳篡地和其他幾名醫師，在海上漂流幾天後，輾轉來到越南西貢的醫務營。

二戰結束後，在越南經過幾番波折才回到台灣。欲返台時，他準備了許多武器來防身，不過誰也沒想到這些武器在一年後竟派上用場。

樟湖之戰

3月中傳聞國民政府軍要進入斗六，即將爆發「市街戰」，民眾紛紛躲避，斗六市區宛如死城般。陳篡地為了避免戰火傷及無辜，於是將隊伍帶往山區打游擊。

1947年3月14日，陳篡地的「斗六隊」退至小梅山區，16日與國軍發生激戰，19日起開始持久戰，陸續向山地撤退。直到4月6日兩軍在小梅、樟湖戰鬥，最後民兵還是不敵而瓦解。

陳篡地離開山區後回到二水老家的後山藏匿在山洞裡，長達六年。每天抱著武器決心與軍警一決生死。而這期間他的家人一一遭當局逮捕和槍決，但還是無法逼出他藏身之處，一家人有著堅定的向心力。

但後來政府還是知道他的藏匿地點，雙方談判後，陳篡地提出三項條件：1.不能傷害家族；2.不能沒收財產；3.他不是自首，是講和。

陳篡地最後被軟禁在台北太原路上開設診所，以便特務就近監視。晚年他將行醫的收入，用於照顧當時幫助他藏匿的親友們，直到1985年過世為止。

陳篡地因而被稱為「二二八最後的戰俘」。

嘉義地區

　　在全台各地二二八事件當中，與國民政府軍對峙最久、公開槍決人數最多的首推嘉義市，其戰鬥最為激烈堪稱全省之冠。嘉義在二二八事件中，顯現出與其他地方不同的性質有二點：第一，為嘉義市長孫志俊一開始便逃跑，使得市區陷入群龍無首的局面，因而各地民眾組成武裝隊伍，開始攻擊紅毛埤軍械庫及水上機場的軍事行動；第二，有民雄電台能對外廣播募集志願軍，因此有不少各地民軍來援，在與擁有強大武力軍隊的對抗下，造成許多民眾的傷亡。

　　嘉義在 3 月 3 日召開市民大會，成立了嘉義市三二事件處理委員會，由三民主義青年團嘉義分團籌備處主任陳復志為主任委員，另設保衛司令部，由陳氏兼任司令。經過三個多小時的討論，處委會決定號召原台籍日本兵、學生兵，及社會各階層人士一起來應付變局，同時決定接管電台以便對內對外聯絡。在取得廣播電台後，並藉由廣播來向全台各地募集志願軍。在這一呼籲下，布袋、朴子、鹽水、佳里、六腳、番路、斗六、台中、埔里、北港、台南工學院等地人馬陸續前來應援，當日來嘉各隊約莫三千人開始攻擊憲兵營、紅毛埤第十九軍械庫、水上飛機場及東門町軍營（駐守的是第 21 師獨立團第一營羅迪光）。晚上 9 時，民眾接收市政府。

　　到 5 日處委會眼看軍事對立依然，市內治安不能維持，不僅外省人受害，連本省人也很難倖免，乃派青年團書記盧炳欽往現阿里山鄉，邀請鄒族原住民部隊約五、六十名下山來維持市內治安。此時在水上機場的軍隊面對接連不斷的攻勢，水電又被切斷，只有主動出擊希望能衝出重圍，於是雙方陷入苦戰，民眾被擊斃約有三百人之多。此時嘉義電台再度向外廣播求援，自台中、斗六（陳篡地領導的斗六警備隊）所謂的民主聯軍趕到，國民政府軍退回機場，雙方在機場互相對峙。6 日，守軍與處委會雙方談判協商，主要條件為軍隊繳械、民間提供糧食給守軍。7 日，民軍又攻下紅毛埤軍械庫，守軍在撤退前放火焚毀庫房物資，隨後轉往機場。當日，機場守軍糧食有匱乏之情形，然而由於得到台北空運與民間的補給，情況逐漸轉好，民方照約定恢復供應機場自來水。

事實上，此時軍方的態度及孫市長的心理，顯見和談是在困坐愁城，糧彈俱缺的情況下，不得不服從長官公署談判的指示，其實心中可能存有報復心理，在掌握優勢後，將伺機而動，故 8 日與陸空警憲初步會商「掃蕩暴徒、克服市區」的辦法，只是兵力仍過於單薄，故仍再前往市區談判。但處委會此時所提出的條件仍是要國民政府軍繳械，完全昧於當時情勢，孫市長自然不會答應。在 9 日市長回到機場，而自台北來的第三次空運糧食也到機場，糧荒問題暫告解決。當日機場軍隊對機場外圍劉厝庄掃蕩洗劫，造成 13 人被殺害。

10 日民軍進行最後一次攻擊機場的行動，仍無濟於事，下午 2 時處委會再提議和 7 個條件，不論孫市長、羅營長已不可能再接受任何和談，但援軍未到，故也按兵不動。原住民部隊知悉事情將談判解決，深夜撤回山上。到 11 日時，新登陸的整編二十一師四三六團一個營空運至嘉義水上機場，南部防衛司令部派來的援軍也到達嘉義，這時處委會已知國民政府軍上岸及基隆發生的悲劇，為了減少嘉義地區的傷亡，企圖做最後努力，派出和平談判代表陳復志、陳澄波、潘木枝、柯麟、林文樹、邱鴛鴦、劉傳來、王鐘麟（通譯）等 8 人，其中除邱鴛鴦、劉傳來、王鐘麟當天放回，林文樹數天後以錢贖回外，其餘談判代表分別於 18 日、25 日被槍決於嘉義火車站前。

在綏靖、清鄉行動展開後，這種遊街示眾、公開處決、曝屍恫嚇的前近代把戲，那時活生生在台灣上演，其中尤以嘉義市最為慘烈。3 月 18 日陳復志一人；23 日蘇憲章、陳容貌等 11 人；25 日陳澄波、潘木枝、柯麟、盧炳欽等四位市參議員，分批在嘉義火車站前被公開槍決。

另外，在全台各地的動亂中，很少有如嘉義地區民眾扮演如此重要的角色。嘉義地區的部分民眾，不管商人、女教員或學生，在事件中都盡責地扮演各自的角色。許雪姬教授認為，這與二戰末期台灣各階層人士已形成「奉仕」傳統有關，具有戰爭經驗的退伍軍人被認為有責任站出來參加行動，受邀者也認為是自己的義務。婦女和女學生也出動去包飯糰、照顧被集中看管的外省人，嘉義中學學生們也在教師陳顯富帶領下參加行動。二二八事件凝聚不同階層人士，不分男女、職業，在「一戶一人」的口號下，參與維護治安、捏飯糰的工作。

高雄要塞司令

彭孟緝，湖北武昌人。

黃埔軍校畢業後，隨著蔣介石東征北伐，而後赴日戰野砲兵學校進修。他也參加了淞滬、長沙等會戰，一路升上陸軍中將指揮官，並於 1946 年擔任高雄要塞中將司令。

二二八事件爆發，他採取了武力鎮壓高雄，3 月 6 日派兵進入市區開始無差別的掃射平民，愛河上隨處都能看見屍體，西子灣也被染成紅色的海水，造成高雄市的傷亡慘重不計其數。

這天也有七名高雄仕紳，來到壽山上的要塞司令，和彭孟緝協商希望軍隊能撤退。但這時彭孟緝卻翻臉當場扣押四位委員，除了彭清靠以外，其餘三位槍決。

事後彭孟緝在回憶錄認為，這動亂事件是「共匪全面叛亂」的一部分，因此在極度痛苦的心情下，決心平亂。

5 日涂光明、范滄榕、曾豐明等，來壽山向他商談「和平辦法」。但彭孟緝正在準備軍事行動因此敷衍拖延，相約次日再來司令部商談。

6 日，涂光明等人搭乘兩部插大白旗的轎車，再度來到司令部，彭孟緝就此將他們一舉成擒！

他寫道「我既將暴徒首要涂光明等予以逮捕，這就說明政府與叛亂組織之間，已經攤牌，軍事行動勢非立即開始不可。於是將預定於七日拂曉實施的行動計畫，提前十四小時來執行。」

所以他馬上派兵進入市區，攻擊高雄火車站、高雄一中，以及市政府，而後來稱為「高雄大屠殺」。

而彭清靠是七位參與協商的倖存者，隔天他精疲力盡的回到家，他的兒子彭明敏在日後寫到他父親那時的心情「兩天沒有吃東西，心情粉碎、徹底幻滅了。從此，他再也不參與中國的政治，……他所嘗到的是一個被出賣的理想主義者的悲痛……他甚至揚言為身上的華人血統感到可恥，希望子孫與外國人通婚，直到後代再也不能宣稱自己是華人。」

由於彭孟緝血腥鎮壓高雄，因此在民間被稱為「高雄屠夫」。但二二八事件後由於蔣介石認為彭孟緝將高雄暴動處理得宜，因此提拔他為台灣省警備總司令，後又晉升參謀總長等要職。在事後的回憶錄中他描述二二八事件：「當時假使我沒有決心、毅力和革命的犧牲精神，而不能當機立斷，阻嚇亂源，其結果不只是我個人的成就，整個局勢恐怕也不堪想像。」

被帶走的父親

「要聽媽媽的話。」陳炘在準備下樓前，轉頭向後頭站一排的孩子們道別後，接著與一旁的員警下樓離去，再也沒回到這個家。

陳炘生於日治時期前兩年，陳炘年幼時先在家中學漢學，13歲才入大甲公學校讀書，但自幼聰穎用功，因此跳級升班。公學校畢業後，同年考入當時人人想進去的「台灣總督府國語學校」。（後來的台北師範學校）

1913年畢業後，曾一時任教於台中廳大甲公學校。後辭去教職，赴日本慶應大學理財科，開始他的財經之路。由於在日本求學期間，適逢台灣民族運動的開始，因此加入「新民會」，一起推動「台灣議會設置請願運動」。

對於他在日本的求學印象，台灣作家張深切在《里程碑》一書中有這樣的描述：「他自小老成，在東京慶應大學讀書的時候，雖然參加台灣留學生所掀起的各種運動，但不為運動而犧牲他的學業，他的確是名符其實的書生，大概多我十一、二歲，我在中學，他在大學，當時我覺得他在我們留學生中是位翩翩公子，異常溫文爾雅。」

而他畢業回台後，次年又赴美國的哥倫比亞大學經濟研究所取得碩士學位。在當時的台灣，能有這樣優秀的學歷屈指可數，而陳炘是其中一人。

回台後，致力於台灣的金融開拓，負責籌組一個「糾集台灣人的資金，供台灣人利用」的金融機構，創立大東信託株式會社並出任專務取締役（今總經理職，董事長為林獻堂），是當時唯一的本土資本信託機關，以對抗日本人對台灣人施加的金融經濟壓力。而在整個1920年代台灣民族覺醒下，大東信託也經常刊登廣告，來支持《台灣文藝》、《台灣文學》等文學刊物以及社會運動。因此當時的日本政府也是處心積慮的刁難大東信託的經營。

終戰後，陳炘組織了「歡迎國民政府籌備會」，製作國旗、教民眾如何揮舞以及製作牌樓等，來迎接這個期盼已久的祖國。另外，陳炘在終戰之初，參加完南京的受降典禮後回台，成立了以台灣為信託中心的「大公企業公司」。

而「大公企業公司」成立兩個月後，台灣省行政長官公署陳儀以「漢奸」罪名，將陳炘以及其他台灣地方人士逮補，在獄中陳炘寫下這首詩：「平生暗淚故山河，光復如今感慨多；一籲三台齊奮起，歡呼聲裡入新牢。」

　　二二八事件爆發後，陳炘雖然被推派爲二二八事件處理委員會民眾代表，但當時他罹患惡性瘧疾，臥病在床，鮮少參加處委會會議。

　　但就在 3 月 11 日清晨六點，陳炘家門外有陣騷動，他的大兒子跑出客廳一看，已有四、五名警官站在家中。「陳炘在哪？陳炘出來！」，全家人被這突如其來的吆喝聲吵醒，孩子們在客廳中站成一排，陳炘則在太太的陪同下走進客廳，警察立刻出示紙條要陳炘查看，陳炘看完紙條後安撫太太隨後進入臥房更衣。接著穿戴整齊的陳炘走了出來，一一看著孩子們，準備下樓臨走前回頭向孩子們交代「要聽媽媽的話。」後即離家。

　　他的家人們怎麼也沒想到，這一離開，他們的爸爸、家中的精神支柱就再也未回到這個家裡，連屍體也找不到。

　　二戰後蔣介石曾經詢問蔡培火「最能當台灣領導者是誰？」，蔡培火說「老一輩的是林獻堂，但眞正的人才是陳炘，這個人有頭腦、有組織力，又有國際觀。」

冤沉南港

「三月十一日（火）晴，普。

溫度漸高仍係戒嚴之下，走路亦不自然，上午出勤，本省人大部分無出勤，到院即訪院長、王首席等並說明對處理委員會之行動，林桂端氏等既被羈押，恐怕委員會有氏名者皆要受一次之調查亦未可知，可謂大夕運了，家人亦爲我憂，眞對不起

參月分薪水本日受領。」

這日記的主人是吳鴻麒，兩天後就在法院裡被不明人士帶走。

吳鴻麒，出生桃園中壢。父親吳榮棣在清治時代是位秀才，而他的八位兒子們分別在不同的領域上各有所成就；其中吳鴻麒是位法學人士。

吳鴻麒自台灣總督府國語學校師範部畢業後，先後在龍潭、中壢兩公學校任教。曾赴上海國語師範學校就讀，後赴日本念法科。畢業後考取律師執照，便在台北建城町開事務所，也因常爲鄉民打官司，因而整個吳氏家族都非常尊敬他。

二戰後，他成爲台灣高等法院推事，曾經審判台灣末代總督安藤利吉等人。也因爲他是當時少數能精通日語、台語、客語和北京話的法界菁英，受到行政長官陳儀和地方法院的青睞。

但戰後來台的政府貪汙橫行，對於當時法院用人引親引戚的行爲，以及當局所任命的執法人員普遍缺乏法學專業，令吳鴻麒感到不滿。就在 1946 年發生震驚社會的流血衝突事件－「員林事件」，當時鹿港名醫施江南控告被警察打傷，被告員警屢傳不到，於是台中地方法院法警前去拘提被告員警，卻反遭槍擊。

而對於警方目無法紀的亂象，讓當時奉命調查此案的吳鴻麒感到髮指，他在日記寫道：

11 月 15 日：「在警察局會議室訊問當日在場警察。然在場警察多說不知，該局長之無誠意、無智、野人，與未開人無異。然事件之始終已明矣。法警、看守雖有手續上多少不妥之點，然警察方面之犯法顯然，尤其北斗警察署長林世民、尤督察豈能免殺人罪也？又金秘書、陳傳風督察長、局長豈能免其責乎？回來台中後，再訊問賴所長，閱卷宗即完，因時間關（係）不能即還。又警務處二位專員感覺警察方面之不利，且眞相漸次明瞭，亦漸次迴避責任，執不合作態度亦屬違（遺）憾。」

這起事件原本有多位員警被判刑，但不久卻在 1947

年1月1日獲得大赦釋放，當時傳出有人將報復參與審判的法院人員，包括堅持法學的精神、不加以寬貸的吳鴻麒在內。

而二二八事件就在這怨氣繚繞的氣氛中發生。

這期間吳鴻麒未曾參與任何聚會和行動，甚至是到監獄視察被捕嫌疑人有無安置妥當。

但就在3月13日，正在高等法院的吳鴻麒，遭兩名便衣人士以「柯參謀要請你去談話。」為由遭到帶走，雖然院長即時通報台灣警備總部參謀長柯遠芬給予調查，但柯遠芬說並無此事。自此音訊全無。

直到3月17日其夫人楊刣治女士，得知消息南港橋下有幾具讀書人的屍體。夫人趕去認屍，果然其中一人是吳鴻麒！

楊刣治曾欲租車，但由於當時社會氣氛肅殺，無人敢載運屍體。因此只好借來一台人力車，將吳鴻麒的屍體從南港推回中壢。

回到家後，楊刣治馬上為吳鴻麒清理身體，並請法醫驗傷，其記錄著：頭部左領有槍傷，顏面受擦傷數處。頸部有麻繩緊縛之跡，皮破出血。衣褲破損，血跡甚多。臍下部及兩足股皆被打傷積血，呈黑紅色，睪丸破，其狀不堪注視。

而失物的情形是：所攜帶大衣、辦公皮包、新製赤色皮鞋、懷中錶一個、現金台幣七仟元、印章、法院記章、身分證明、帽子等物遺失，不知去向。

楊刣治也請攝影師為吳鴻麒拍下屍體照片，記錄下證據。

吳鴻麒的妻子楊刣治是當時眾多二二八受難者家屬其中之一，她也是一位堅強的女性，勇敢的在第一時間馬上請法醫和攝影師來為丈夫紀錄證據。她畢業於第三女高，曾是一位不婚主義者，在當時保守的社會中，想法實在前衛。但後來也感嘆於和吳鴻麒之間的緣分只有短短六年。

吳鴻麒也有一位孿生兄弟吳鴻麟，其子為國民黨主席吳伯雄，孫子為吳志揚、吳志剛。同樣為孿生兄弟，但命運卻大不同。

吳鴻麒的日記最後由妻子代筆，原文如下：「三月十三日（木）午後三時頃法院ヨリ二名ノ私服者ニ連行、行方不明、方々探シタルモ術ナク、五日目ノ夕刻、南港石橋ノ袂デ屍を発見シタ。死亡八十六日（二月二十四日）不時と聞く。」

基隆地區

　　基隆因臨近台北市，交通極便，故 2 月 28 日傍晚台北發生衝突消息就已傳到，基隆市第一警察分局遭群眾襲擊，槍枝被劫奪；同時市內到處騷動，毆打外省人士；是夜，要塞司令部因公外出之官兵於基隆市郊遭襲擊。3月 1 日早晨，要塞司令部宣布基隆市臨時戒嚴，武裝軍警分區警戒巡邏，並收繳台籍員警槍枝，派兵協同警方保管。1 日下午，基隆市參議會舉辦臨時大會，由副議長楊元丁主持，參與者有參議員、民眾代表等，旁聽者極為踴躍。發言十分熱烈，痛責陳儀暴政，要求台灣自治，提出政治經濟改革方案。而一日至三日間，市內及市郊，民眾與憲警的衝突時有所聞。衝突大抵是軍警肆意開槍而發生，遭到槍擊死傷的市民，不計其數，參議會曾向要塞司令部抗議軍警的橫行妄舉。2 日下午，有一群碼頭工人襲擊第 14 號碼頭軍用倉庫，但被武裝部隊擊退，死傷多人，均被投入海中。

　　4 日上午九點，全市 16 個團體代表共組二二八事件處理委員會基隆分會，推舉市參議員正、副議長黃樹水、楊元丁為正、副主任委員。由於連日來中央派兵鎮壓之說甚囂塵上，人心惶惶，青年、學生紛紛商議如何阻止軍隊上岸，故在市內到處發現有「打倒陳儀！」、「要求台灣自治！」「同胞們！國軍要來殺我們，大家要準備抗戰，不可使他們登岸！」的傳單標語。

　　自 8 日下午起，基隆駐軍以長達兩日密集且持續的火網使增援軍隊順利登陸。依隨 21 師來台的副官處長何聘儒的回憶，四三八團乘船開進基隆港，尚未靠岸時，即遭到岸上群眾怒吼反抗。但該團在基隆要塞部隊的配合下，立刻架起機槍向岸上群眾亂掃，很多人被打得頭破腳斷，肝腸滿地，甚至孕婦、小孩亦不倖免。直到晚上，其隨軍船隻靠岸登陸後，碼頭附近一帶，在燈光下尚可看到斑斑血跡；而部隊登陸後，即派一個營占領基隆周圍要

地，並四處搜捕「亂民」。主力迅速向台北推進，沿途見到人多的地方，即瘋狂地進行掃射，真像瘋狗一樣，到處亂咬。此外，其他資料亦指要塞司令部會同登陸部隊在基隆市區進行掃蕩，大砲、機槍、步槍齊響，殺死許多市民，老幼男婦都有。

　　基隆地區部隊屠殺手法極為殘酷無比，台灣旅滬六團體在事件不久後4月的報告書中指出，在基隆軍隊用鐵絲穿過人民足踝，每三人或五人為一組，捆縛一起，單人則裝入麻袋，拋入海中，基隆海面最近隨時有屍首浮出；還有軍隊割去青年學生二十人之耳鼻及生殖器，然後用刺刀戳死。而死裡逃生的林木杞在口述訪談中提到，其被鐵絲貫穿手腳，因被綁在九人一串的最邊緣，槍擊末中，落入水中後掙脫鐵絲，摸黑上岸，才倖免於死，見證了這泯滅人性的屠殺行為。

　　在基隆死難者中，楊元丁為處委會基隆分會副主任委員，頗盡力於與軍憲協調以維持秩序，隨後自己恐涉入太深而遭不測之禍，乃先行避居。未料在軍隊登陸後9日或10日，遭士兵槍殺於街上，並踢下碼頭，於10日屍體浮出水面。此外，八堵車站發生的濫殺事件，可說是軍紀不良所引起的報復行為。此事與基隆要塞司令史宏熹之姪、澳底砲台台長史國華有關。史國華的報復行為顯示當時的國民政府軍隊視民如敵、毫無法治觀念，而基隆要塞司令史宏熹應該負起縱容軍士濫殺無辜的連帶責任。

　　在1947年4月台灣旅滬六團體的報告書中指出，從3月8日到16日間，台胞被屠殺之人數基隆僅次於高雄最多，約二千餘人；而到台灣考察事件的監察委員何漢文稱，據基隆要塞司令史宏熹向他所作的報告，基隆大約死了一千人左右。

仁醫仁術－木枝仙

「台灣的同胞！嘉義一戰，最終玉碎！台灣600萬島民，自己的命運掌握在自己的手裡！現在，預祝台灣人成功！」

正當國民政府軍在嘉義電台裡偵查是否有民兵的存活時，牆上的揚聲器突然放出這段日語，說完後傳出一聲巨響，煙硝瀰漫！原來是困在廣播室的學生兵們以手榴彈集體自盡。

這是李喬的文學創作小說《埋冤‧一九四七埋冤》中描述二二八事件中嘉義的武裝反抗行動徹底玉碎。

1947年3月25日，一群日前到水上機場商談的和平使者，背上插著姓名木牌，以人犯之姿在卡車上，羞辱式的遊街示眾。

沿路上眾人們替他們祈禱著、默哀著。這些人並不是什麼十惡不赦的犯人，而是一群愛鄉愛民的地方仕紳。車隊來到嘉義火車站廣場前，士兵先對聚集在廣場上的民眾，以機槍掃射驅逐。隨後人犯一一下車，這天要槍決的有：畫家陳澄波、牙醫盧鈵欽、戲院老闆柯麟和潘木枝醫師。

潘木枝醫師，東京醫學專門學校畢業。畢業後取得醫師執照，先在東京長谷川內科醫院實習三年後，返鄉回嘉義開設「向生醫院」。

由於潘木枝自小生活在艱苦的環境中，所以他以同理心對待患者，對待病人是十分的關愛，不僅不向窮困的病人收醫藥費，住得遠的更會補貼車資讓他們回家，這樣的仁心仁術，以及精湛的醫術讓他在嘉義頗受民眾愛戴，大家都叫他「木枝仙」。

1945年日本殖民跟著二戰結束，隔年台灣舉辦了第一次的縣市參議員選舉。受民眾歡迎的潘木枝以嘉義東區最高票當選市參議員，同時被選為副議長。

戰爭結束後台灣雖然作為一個「戰勝國」但日子卻是一天比一天辛苦，第一次遇到通貨膨脹、台灣經濟不斷被拖垮、國民政府的歧視政策、從戰場回來的台籍日本兵找不到工作、國民政府軍亂搶劫、亂開槍⋯⋯等等。問題接踵而來，人民的日子可是苦不堪言。

二二八事件爆發幾天後，烽火來到嘉義，當時民眾紛紛起義反抗，當時潘木枝也曾經到收容外省人的公

會堂，為他們免費看病。而另一方面由知識份子所組成的二二八事件處理委員會，則是希望以溫和協商的方式和政府談和，於是 1946 年 3 月 11 日派了 12 個人作為談判代表，潘木枝也是其中一人。當他們前往水上機場和國民政府軍開會時，一行人卻被政府認定為叛亂分子而被監禁。

監禁期間，潘木枝以為司法會還他清白，但沒想到等著他的卻是槍決的判刑。於是他悲痛地用筆記本紙和香菸盒寫下好幾封遺書。

1947 年 3 月 25 日，潘木枝的孩子們預計前往二兒子的墓園掃墓。二兒子潘英哲（15 歲）在 3 月 15 日的清鄉中被流彈波及身亡。

正當一群人行經嘉義市中山路時看見另一頭的警局前，停著一輛卡車，卡車上有許多被五花大綁和插著牌子的犯人。他們才驚覺事態不對，心想自己的父親一定也在車上，於是兩個兒子馬上追著卡車，拚命奔跑在中山路上。過程中，三兒子被熱心的民眾用腳踏車先載去火車站，四兒子潘英仁也緊跟在後，經過中央噴水池時，看見對向的人力車上載著哭泣的母親，母子倆擦身而過時，從遠處也傳來槍聲。

潘英仁從人牆擠了進去，看見哥哥將頭部中彈的父親扶起，他的臉已變形，消瘦的雙頰，和行刑時極致痛苦而喊叫至脫臼的下顎。三兒子潘英三將下顎推回去並和父親說二哥已經死了，家中的情形如何。潘木枝雙眼開始潮濕，但還是睜著眼，最後潘英三要他安心的去，用右手往下撫摸才閉上。

槍決後家屬們被命令不得收屍，於是潘木枝和其他被槍決的人被曝屍。這時很多嘉義市民主動拿著香，在遠處遙祭他們的「木枝仙」，其中有蕭萬長，以及吳念真的父親也在遠處燒金紙祭拜。

潘木枝在留給七子的遺書中提到，他是為嘉義市民而死，雖死猶榮：

余已絕望矣！僅書此為最後遺言，望賢妻自重自強。

一、潘木枝家全賴賢妻一人，賢妻要自保身體，切不可過悲。
二、吾母老矣，望汝孝養。
三、子女切要撫養，使其成人，木枝是為市民而亡，身雖死猶榮。
四、余一生使賢妻苦痛多矣，望賢妻恕我，我每日每夜仍在汝身邊，保佑汝們。
五、家門要自重，切不可自暴自棄，再祈保重身體。

夫 潘木枝遺

畫家之死

1947 年 3 月 25 日，一台插著白旗的卡車正在緩緩地繞行嘉義市區，車上四人手被綁著並在背後插上五角形的木牌，上面清楚寫著他們的名字：盧鈵欽、柯麟、潘木枝、陳澄波。

「重光，中山路人比較濟，我綴車後壁去，你走巷仔行彎路過去。」一名女子對她的弟弟說，他們打算追著這部車，同時也有兩兄弟也正如此打算，因為他們的父親都在這車上。

車子彷彿向嘉義市市民警告威嚇，緩慢的行進，街道上的民眾們都害怕地躲在騎樓下目送車隊，有人搖手，有人敬禮，有人合掌膜拜，現場瀰漫著一股不捨與哀傷的氣氛。

就在這時尾隨一旁的女子和在車上的父親兩人視線對上，這幾秒彷彿像永久般定格並且深深烙印在她的腦中。父女倆想說什麼話，想做什麼都已經沒有時間傳達了，卡車馬上來到嘉義車站，車上的人一個個狼狽的下車，有人用摔的下來，他們已無任何元氣，像是即將被宰殺的羔羊一一跪在廣場上。

碰一

毫無預警地開始槍斃第一個人，市民被這怵目驚心的畫面都嚇得魂飛魄散，突然這時女子不知哪來的勇氣從人群裡衝了出來，拉著軍人的褲腳說道：

「這個是我父親，他是好人！你們要探聽清楚，探聽明白才能槍決！」

雖然她如此哀求著，但還是被無情的一腳踢開。

軍人開始一一槍決，這女子的父親陳澄波是最後一位被槍決。

陳澄波，嘉義人，也是台灣第一位入選「帝展」的畫家，其後又多次入選「帝展」和其他展覽，如此輝煌的成績很難想像他 30 歲才開始習畫。

陳澄波自幼喪母喪父，從小跟著祖母在街上販賣花生油和雜糧維生，13 歲才入公學校讀書，18 歲努力考上「台北國語學校公學師範科」（後台北師範學校）。在這裡他遇見石川欽一郎，一位啟發諸多台灣畫家的老師。

石川欽一郎雖然是位日籍老師，但卻未對台灣學生有差別待遇，他反而注重台灣地方特色，描繪台灣鄉村景象，因此使台灣畫家意識到自身的成長環境，進而尋找家鄉的鄉土精神，並做為繪畫主題。陳澄波也受到他的影響。

畢業後，陳澄波因家裡經濟關係而回到嘉義教書，在擔任教諭期間，他也曾經帶著學生到郊外寫生，在他心中還是存著成為畫家的夢。然而7年過去，30歲的他決定赴日本東京美術學校就讀。

在東京學畫的期間，陳澄波省吃儉用，將心力都放在學習上，這時他才開始學習油畫。終於在1926年，他以一幅＜嘉義街外＞入選日本第七屆「帝國美術展覽會」，成為台灣以油畫創作入選該展的第一人。

「帝展」可是當時官方最高榮譽也是最權威的展覽，因此媒體爭相報導，也奠定他在日本美術界具有藝術家身分。而後他又陸續入選「帝展」和其他展覽，這時的他展現對繪畫的熱情和自信。

1929年陳澄波從東京美術學校研究科畢業，欲想返台教書，但無奈當時台灣沒有藝術相關的專門學校，於是在因緣際會下，前往上海教書。

在上海教書生活期間也是陳澄波一家人生活和樂，畫業和工作順利的階段。

但是1932年上海爆發淞滬戰爭，被日本殖民的台灣人被上海人視為日本人，這個身分認同的問題讓陳澄波很苦惱，於是他決定返台定居。

回台的陳澄波開始拚命創作，時常拿個工具箱就到台灣各個角落寫生，台南、彰化、台中、淡水、阿里山都有他的足跡。

二戰結束後，懷抱著理想和熱情的陳澄波也擔任籌備委員，來歡迎國民政府的來臨。他也參加「三民主義青年團」，並參選了第一屆的參議會議員。對國民政府充滿期待的他，加入了國民黨，並建言希望能夠在台灣成立有關美術教育的學校。

但是二二八事件爆發，他對國民政府的期待破滅，1947年3月11日陳澄波和一群代表嘉義市民的談判代表，帶著食物和水來向受困在水上機場的國民政府軍協商。不料才剛到門口就被軍人趕下車，雙手被鐵絲反綁，用衣服蒙著臉，被壓進去開始求刑數天。

1947年3月25日在嘉義火車站外槍決，血濺他最愛的家鄉。

陳澄波結束了短短的20餘年畫家生涯，這時他才52歲。他被槍決後家人將他的遺體用門板扛回家，他的太太張捷請人來拍下他死後躺在客廳裡的相片，之後並藏在家中的神主牌後方，直到1994年嘉義市文化中心的「陳澄波百年紀念展」他的家人才敢首度公開這張照片。

「從很小的時候起，就時常抱著要做大事的願望。只有在那樣的心情下，心裡才有真正的溫暖與滿足。想來我就是靠著這長大的。」寫於1921年陳澄波的手札。

偉大美好的進行——重繪二二八看見人民迸發的力量

台中地區

　　在二二八事件衝突當中，最令人震撼的便是發生在中南部地區武裝流血衝突，除了先前提到的嘉義、雲林民軍發動攻擊紅毛埤軍械庫、水上機場等戰役，在台中則有二七部隊在埔里烏牛欄橋和日月潭與國民政府軍隊之激戰。因此，在台中，有出現談判協商路線與武裝抗爭路線這兩股因應變局的力量。

　　隨著台北爆發衝突的消息傳下，在台中，3月2日若干民眾聚集在台中戲院舉辦市民大會，謝雪紅被推舉為主席，其後群眾開始遊行，占領警察局與公賣局。當天下午中部地區成立台中地區時局處理委員會，並組織以青年學生為主的「治安隊」，但因傳來陳儀從台北派兵南下消息，當晚處委會和治安隊即宣布解散，謝雪紅乃鼓勵尚未離開的青年採取武裝對抗的路線。3日時謝雪紅成立「台中地區治安委員會作戰本部」，將原先已解散的治安隊擴編成「人民大隊」，當天與國民政府軍在市區展開槍戰，下午則有各地增援民軍陸續抵達。

　　到4日時，台中的官方機構多為民軍所掌控，當天上午，空軍三廠被民軍接管，台中地區的軍事機關盡入民軍手中。下午，聞民軍控制中部，處委會重新開議，下設「保安委員會」，推選吳振武擔任民軍總指揮，然而謝雪紅不從。5日，謝雪紅的軍權雖被奪，卻仍獲不少青年學生支持，仍繼續供應武器給各地民軍。事實上，當時以士紳階層、社會菁英為主，希望以談判協商來爭取自治，而群眾、青年為主則是採取武裝抗爭行動的路線，在武裝抗爭的目標下，於6日在日本陸軍第八部隊的干城營區成立二七部隊。二七部隊是由謝雪紅帶領約四百餘人青年學生組成，由謝氏任總指揮，並分任鍾逸人、蔡鐵城為隊長、參謀等職，重要幹部有楊克煌、李喬松、古瑞雲等人，且將其部隊細分各小隊。我們可以說，二七部隊的成立，使得在處委會的協商路線外，又開闢了一條武裝抗爭的路線。

隨著 8 日國民政府軍抵台登陸，在第二十一師進駐台中之前，二七部隊為避免因市街遭遇戰而傷及無辜市民，並保存實力，作持久抗爭，於 12 日下午撤退埔里。14 日國民政府軍進逼埔里附近龜子頭地方，遭到二七部隊中途截擊。15 日為避免遭受包圍，由古瑞雲、蔡鐵城、陳明忠率隊，夜襲日月潭方面的國民政府軍，對方頗有傷亡，國民政府軍被迫向水裡坑撤退，但該部隊也傷亡慘重；此時警備隊長黃金島率一小隊扼守烏牛欄橋，以防腹背受敵。在 16 日，於烏牛欄橋雙方發生激戰，剛開始黃金島小隊占地利之便，將不熟悉地形之國軍予以重創。此戰役黃金島小隊以 40 人對 700 人，可說是以寡擊眾。然而因彈藥不足，作戰經驗也有所不足，乃漸處於劣勢，加上國民政府軍兩路進逼，又無法與他處部眾聯絡，乃決定暫時化整為零，隊員或往嘉義小梅參加陳篡地的游擊隊，或各自回家避難。在深夜 11 時，隊員各自埋藏武器後即宣告解散。17 日中午，二十一師獲悉二七部隊已解散，即開入埔里。

　　事實上，台中地區因二七部隊在埔里的戰略牽制，沒有如嘉義一般遭受到屠殺，所以二七部隊可說成為大台中地區民眾的防護罩。因為忌憚二七部隊（當時甚至謠傳有日本軍以及共產黨介入）的武裝勢力，大台中地區反而未像台北、高雄、嘉義等地有大規模軍隊鎮壓的情況，這使得二七部隊在整個二二八事件中成為特殊的典範，彰顯台灣人追求民主、自治而奮勇作戰的精神。

偉大美好的旅行——重繪二二八看見人民迸發的力量

火猶未熄

「爲最大多數，謀最大幸福。」1946 年王添灯寫下這段話贈送給吳新榮。

在二二八事件裡被消失的台灣菁英分子中，當然也要提到王添灯，他和陳炘一樣是個企業家，在日治時期也是個積極推動自治運動的推動者。

王添灯，新店人，是位茶農子弟，家中在新店大坪林一帶種茶。他自公學校畢業後白天在新店庄役場上班，而晚上則是在成淵中學夜間部苦讀。但在任職期間因「思想問題」，而遭日本警察監禁，之後王添灯從事簡短的公務員生涯後，便開始進入政治界和企業界活動。

1930 年，他參與了台灣皇漢醫道復興運動，並主編《台灣皇漢醫界》雜誌日文欄。同年台灣地方自治聯盟成立，他從復興漢醫運動中轉向推動地方自治聯盟的工作。但也由於戰爭的逼近，台灣地方自治聯盟自 1936 年開始活動越來越困難，於 1937 年宣布解散，王添灯的政治活動也終止，轉爲茶葉的經營。

王添灯不僅對政治運動有興趣，也有經商的頭腦。他成立文山茶行，爲台灣六大茶行之一，並在當時日本成立的滿洲國大連設立營業所，將茶葉外銷至國外，銷售量是台灣輸往滿州茶行排行第六，在 1942 年文山茶行輸往中國華北排名更躍升爲第三名。文山茶行跨足南洋市場和中國華北等皆設分店。

二戰結束後，王添灯擔任「台灣省茶葉股份有限公司」理事長，並且參加三民主義青年團，1946 年擔任台灣省政治建設協會理事，更當選台北市參議員、台灣省參議員，同年任《人民報導》社長，八月創立週刊《自由報》，王添灯是個積極的理想實踐者，對於台灣的未來他規劃著美好的藍圖，但國民政府的到來後他對中國政治的想法也隨之破滅。

1946 年王添灯當選台灣省議會參議員，他在議會上對陳儀政府毫不保留的批評，讓他獲得「鐵面議員」的稱號。而在他主持下的《人民報導》也常不避諱報導政治、社會亂象及揭弊。

二二八事件爆發，王添灯擔任「二二八事件處理委員會」委員，及宣傳組長。他敢行敢言，數次前往行政長官公署裡與陳儀交涉。但就在 3 月 7 日，他負責草擬的「三十二項要求」不被陳儀接受，王添灯感到絕望但仍然向台灣民眾廣播「今後台灣要有改革的成果，全賴台灣人民的意志。」也許他早就知道接下來會發生的事，但還是繼續做。

1947 年 3 月 11 日，清晨在家中遭人強行帶走，一去不回。他的六個孩子，其中幾位皆未成年，就這樣成爲孤兒。那年王添灯才 46 歲。

有一說，王添灯被捕後，被帶到西門町的東本願寺，飽受酷刑，臉上都是鮮血，但是仍義正嚴詞地向軍警理論。最後被淋上汽油，活活燒死。

西本願寺裡的冤魂

1947 年 2 月 28 日的查緝私菸事件就像導火線般，讓台灣人民隱忍已久的憤怒瞬間爆發。一開始全台各地民眾紛紛組織自衛隊，接收政府機關，原本是人民占上風的情勢，直到陳儀向中央請求的援軍登陸台灣後隨即轉變，軍隊開始鎮壓，許多台灣菁英份子也在這段時間相繼消失……

3 月 13 日清晨，歐陽可亮在住處遭到幾名不明人士帶走，原本要遭到槍決的他經過幾番波折後免於一死，隨後被送入位在台北市西門的西本願寺。

一被送進西本願寺，馬上報上姓名、年齡、本籍、現住所、職業、家庭狀況、友人關係之後，身上所有的東西，包括錢包、記事本、手錶、眼鏡等，以防止犯人自殺為由全被沒收。

接下來的每一天，不是被逼供就是被拷打。囚房的面積相當狹小但卻塞了七十多人，即使要靠在牆壁上睡一覺，也是非常辛苦。囚犯們各個都被五花大綁和蒙上眼罩，彼此之間不能有交談對話。

擁擠的牢房中瀰漫著一股恐怖至極的沉默氣氛，偶爾伴隨著囚犯被逼供拷打的慘叫聲，以及來自面對淡水河後院傳來的槍聲，有時單發，有時連發，當然這一定是在執行槍決。

某一個夜深人靜的晚上。有個人突然從旁邊向歐陽可亮說話。

「我叫王育霖，是建國中學的老師，也擔任《民報》的法律顧問。我有個弟弟在台南。如果你可以離開這裡的話，能不能請你告訴他，我最後被關在西本願寺的事。」

「沒問題，我叫歐陽可亮。我們大概沒救了吧？不過，像你說的，我也要拜託你，如果是你離開這裡的話，請把我的事情轉告大同的林挺生。」

「林挺生，他是早我一年的高中學長。」

最後歐陽可亮竟然幸運的離開西本願寺，當時幾乎沒多少人能活著走出西本願寺。

西本願寺是建於日治時期的淨土眞宗寺院，過去正式名稱爲「淨土眞宗本願寺派台灣別院」。爲當時台灣最大日式佛寺，與東本願寺、臨濟護國禪寺、曹洞宗佛寺等，共同爲台灣當時重要佛寺之建築代表。

二戰結束，被國民黨政府接收後，在此設置警備總部第二處，以及周圍有許多從中國撤退的軍民在此蓋起違章建築居住。而二二八事件發生時，也在此當臨時牢房收押許多政治犯。

最後經過多次的火災，大部分建築遭到焚毀。僅殘存鐘樓、樹心會館、輪番所、參道、本堂、御廟所等。經過台北市政府整修後於 2013 年開放民眾參觀。

如今很難想像，在日治時期的時候這裡有座宏偉莊嚴的建築，在當時平常舉辦超渡法會不分國籍，包括在台日本人和台灣人。但是二二八事件時，卻成爲阿修羅地獄，許多生命斷送在這，眞是令人不勝唏噓。

台南地區

　　台南縣市與台灣其他地區比較，算是相當平靜。在台南縣市的死難者當中，有兩位耳熟能詳的人物，一是湯德章，一是黃媽典。

　　湯德章在日治時期於台南擔任執業律師，戰後在台南更為活躍，人望頗佳。執行律師業務時，對於委託人委託的案件以調解為原則，承辦案件常酌收廉價的訴訟費用，或義務辯護以回報昔日窮困潦倒時被關照的恩惠。1946年底，其擔任民間團體台南市自由保障委員會主任委員。在3月5日處委會台南分會成立時，韓石泉任主任委員，黃百祿、莊孟侯副之，下設七組，其中最重要的是湯德章任治安組組長。事實上，這時湯德章正身染瘧疾，當處委會請他出面時，他先是婉拒，後經友人相勸才勉強接受。接任後，他運用台灣刑事的關係找出各地角頭，要他們發揮力量，制止生事，聲言再不停止，則將於翌日開始取締抓人，果然使世面平靜下來。在9日，各民眾代表奉長官公署之命，表決不信任現任市長而另行投票選舉市長候補人員時，湯德章獲得第三高票，可見其受民眾肯定與擁護。

　　然而，湯德章於11日被捕後，遭受酷刑的凌辱，在憲兵隊時，湯德章被要求供出其他組織或接收武器者的名單，因其不從，逐遭受以木片夾手指的酷刑，導致手指腫脹只能以口就飯。13日上午受審後，被押上卡車，遊行市街，然後押赴民生綠園(今湯德章紀念公園)槍決。執行時，士兵要他跪下，然而湯氏不跪，軍人便踢他並以槍托敲擊隨後擊斃。槍決後，士兵不讓家人立即收屍，任其屍體暴露。湯德章的罪名，依照《中華日報》記載，當局認為此「日本人」假借台南市人民自由保障協會的名義，號召暴徒危害民國、組織非法團體、擾亂治安，及搶劫軍用槍械、威脅恐嚇等罪狀。由此可見湯德章是背負起全台南動亂的責任，是替台南市民贖罪的羔羊。湯氏槍

決時，報上稱「湯德章執行槍決，人心稱快」，事實上，湯德章之死大傷民心，台南市民同聲喊冤。三月中旬白崇禧來台後，高等法院判決湯德章無罪，此時湯德章已遭處死數日，於此可見當時是何等亂無章法。

而黃媽典任朴子街長 16 年，奠定朴子基礎建設，也是成功創業的商人，在兩種不同政權下都是良好的適應者，戰後除當選台南縣參議員，還出任台灣省商會聯合會理事長。由於黃媽典一向受到朴子人的敬重，一旦有事，鄉里鄰人便要求請托他出面解決。二二八事件的風潮所及朴子，他也受邀主持在中山堂召開的青年大會。其在主持會議時首先則呼籲地方父老，不要冒險涉入衝突事件，並成功勸說青年軍將武器交給鎮長。據原台籍日本兵蔡耀景指出及當時很多人傳說，黃媽典的受難係遭半山侯朝宗（劉啓光）公報私仇所致。

黃媽典被捕捉後，歷經各種殘酷刑求數日後，又被送到高雄關押一個多月，4 月 23 日未經審判就被押到新營大圓環槍決，槍擊時還故意打他腹部，不讓他立即死亡。死後又不讓家人馬上去收屍，曝屍示眾三天才讓家人收回去。然而荒謬的是，人被槍斃後，司法審判才下來，說他「妨害秩序」判刑 7 個月，但人已經死了。事實上，黃媽典在事件期間主持青年大會會議，其溫和改革立場，以人民為重的處理青年軍持武器等情事，卻全被羅織成判亂罪名。而關於黃媽典逝去，同為台南縣參議員的醫師、文學家吳新榮認為他的犧牲也許是屬政治性的，好像台南市要死一個湯德章，台南縣也要死一個黃媽典那樣。

尋人

淡水河岸有許多前來尋找親人屍體的老弱婦孺,其中也包括了王添灯的母親和女兒。

老太太已經七十幾歲,自從聽到兒子有可能遇害的消息後,她就帶著孫女和女兒,哪邊有屍體就往哪邊跑。

在南港橋,他們在一堆眼睛被蒙上黑布,全身被脫光只剩內褲的屍堆中,一個一個翻開來找。在台北橋的淡水河岸上,有著被河水沖上岸的屍體,河面上也到處漂著。老太太和一旁的人一一翻開,這些變形、腫脹、泡水的屍體。

另一方面,王育霖的太太陳仙槎,和林茂生、陳炘、李瑞漢、李瑞峯、施江南等人的太太,有時去向官員陳情,有時則是去認屍。只要聽到第幾水門、南港或是哪裡有浮屍,背著孩子,半夜都去找丈夫。

倖存的他們尋找在動亂中失散的家人,有人是被抓走,而有人是一出家門就無辜被殺害,再也沒回到家。

這就是 1947 年 3 月的台灣日常。

倖存、無語和驚惶

「是啥物聲!?」

「阿賢!緊過來!」

「卡桑,免驚,若是遐的阿山兵來,我會保護卡桑佮小妹。」

「戇囝仔,你一人是欲怎樣佮他們拼咧。你多桑已經予人掠去啊,這馬毋知人佇佗位。我袂閣再予人掠走我的囝仔啊。」

一家人在睡夢中,被屋外的吵雜聲驚醒。自從一家之主被國民政府軍抓去後,他們宛如驚弓之鳥,有任何風吹草動都會緊張兮兮。當然不只他們會有如此反應,自從二二八事件爆發後,國民黨政府恐怖濫殺又野蠻的行為,讓台灣民眾每個人都嚇破膽,整個台灣社會的氣氛都變得詭異又恐怖。

而二二八的受害者除了這些台灣菁英,更包括他們的家人,尤其是女性角色更為悲慘。在那個年代要獨力扶養小孩非常辛苦,她們不僅要面對經濟壓力,還有來自外界的精神壓力。常面臨電話被監聽,也時常被清查戶口。她們還得面對親朋好友的異樣眼光和刻意疏離,以及走在路上時,都得時常蹲下身子假裝綁鞋帶,為的是確認身後是否有特務在跟蹤。而小孩在成長過程中,更是遭到其他小孩以「匪諜」和「犯人的孩子」來嘲諷。

二二八事件對台灣民眾產生了極大的陰影,從此開始噤聲。不再對政治產生興趣,甚至有了厭惡感。

二二八事件只是一個開頭,隨後 1949 年開始長達 38 年的戒嚴,開始了台灣的白色恐怖時期。後者有計畫性不再像前者粗糙的作法。透過「懲治叛亂條例」對於反對政府或是不同意見者,進行整肅迫害並扣上意圖顛覆政權的罪名,將刑罰範圍極度擴張。造成了大量的冤死、冤獄,人民的健康、財產乃至心靈都受到極大的傷害。「每個人心中都有個小警總」反映了台灣人民心靈受到壓迫,時時刻刻都在審視自己的言論。

當我們在看這些歷史時,都會覺得這些離我們很遙遠。但是將時間軸縮小來看,1949 年頒布的戒嚴,一直到 1987 年才解嚴,而「懲治叛亂條例」則是到 1991 年才廢止,這些事情都是發生在離現在 31 年的事,甚至二二八事件今年是 72 週年。

其實歷史離我們不遠。

台灣民眾應該要對自己的歷史有所瞭解,李筱峰教授有幾句話值得我們省思和勉勵:

「一個不記得歷史的民族,是無情的民族;
一個不知道歷史的民族,是無知的民族;
一個民族是無情又無知,沒前途。
一個國家社會的前途,不是建立在經濟利益上,他還要有靈魂。而歷史就是社會的靈魂。」

是誰？

認清歷史，認識歷史的人，並不是活在歷史裡。

唯有透過歷史才會使自己思考現狀，時時刻刻反思，才會往前進。

二二八事件爆發後的 1947 年 3 月 10 日（支援的軍隊已在前兩日陸續抵台），蔣介石在南京每星期一舉行的週會上，為陳儀等其他政府官員辯護，以下這段話擷取自他的談話內容：

「（前略）本人希望每位台灣人都能完全認清他對祖國的責任並嚴守紀律，才不致受叛黨利用及日人取笑。本人希望台灣人能抑制危害國家而且危害其本身之輕舉妄動。希望他們能毅然分辨忠奸，認清利害，並能自動取消不合法的組織，恢復公共安寧及秩序，以使每一位台灣人都能儘早安居樂業，並得以完成建設新台灣之任務。唯有如此，台灣人才能償清他們所欠負全國過去五十年來為光復台灣所做的諸多犧牲及艱苦奮鬥。」

當時的美國駐中華民國大使館外交官，柯喬治形容這是一段充滿父權式的指責與告誡。他說這段評論凸顯了蔣介石的個性及他所認知的領導人角色，蔣介石將所有反對的聲音都扣上「共產黨」的帽子和「背叛」的字眼，他的軍隊自 3 月 9 日登陸台灣後，就在台灣各地進行各種報復行動。

二二八事件的死亡人數眾多紛紜，從柯喬治的二萬多人到王育德的十幾萬人，當然也有可能更高。因為這其中有許多人在這段時間被失蹤，和有許多屍體無法確認。

而二二八事件中受害的多是青年菁英，造成當時台灣的人才大斷層，而之後「白色恐怖」更讓許多人從此噤聲，不敢提起二二八事件，讓這段歷史被消失。直到 1980 年代鄭南榕開始著手二二八事件平反活動。

宜花地區

　　宜蘭地區在二二八事件時，在3月5日成立處委會宜蘭分會後，推舉省立宜蘭醫院院長郭章垣為主任委員，處委會在接管武器之後，即致力於維持地方秩序和治安，其接收武器之動機在於防止武器被惡用，而非用來進行抗爭；處委會亦嚴禁毆打外省人，因此事件期間宜蘭外省人無一傷亡。然而綏靖期間，至少已知姓名的被捕殺者有15人，且在南方澳海邊及蘇花公路旁有無名屍三十多具。而郭章垣等7人於19日凌晨遭軍隊逮捕後一日內，未經審判，就被集體槍殺於頭城媽祖廟前，其受害的原因乃是因為事件期間有擔任處委會幹部，及與地方官員或軍警主管曾有過節。

　　花蓮縣亦於5日成立處委會花蓮分會，推舉省參議員兼三民主義青年團花東分會幹事馬有岳為主任委員，討論如何確保當地治安及解決糧食問題。基本上，花蓮處委會與台東處委會做法相同，成立之後每日均派代表與縣長保持密切聯繫和協調，盡力維護地方秩序和治安；而負責治安隊伍接收武器，則與宜蘭一地相同，為防止武器被惡用。要之，花蓮乃與台東相同，僅有小騷擾，故地方秩序得以迅速恢復。

　　雖然台東、花蓮兩地在事件中相當平靜，僅有小騷動，但因曾有接管憲警武器之舉動，加上處委會被宣布為非法組織，並下令解散，所以處委會的主要幹部，尤其是負責治安、宣傳、指揮的幹部，紛紛被逮捕，其中花蓮縣多達54人，台東縣亦有14人，可說地方領導人物紛紛被捕。其罪名為鼓吹或主張台灣獨立者多達20人，但據訪問在花東民眾大會上並未有人提出台灣獨立的主張，也未出現相關標語或傳單。另亦有許多人罪名是打殺或鼓動驅逐外省人，此一指控與花東地區外省人遭遇實況未盡契合。事實上，不少人的被捕係因個人或派系恩怨，而遭對手密函陷害或乘機歪曲事實加以檢舉，但憲警單位幾乎照單全收，未詳作查證即胡亂抓人。

在花東地區，以鳳林鎮張七郎、張宗仁、張果仁父子三人案，及花蓮市許錫謙案為著名的受難案件。張氏父子均為醫師，張七郎為花蓮縣參議會議長、制憲國大代表，事件期間臥病在床，其父子並未參與事件之活動，僅在鳳林區處委會幹部中，形式上張七郎被列名主任委員，張宗仁被列名委員。然而當4月4日進駐花蓮的部隊接受張宗仁等地方士紳宴請後，於該夜父子四人就被士兵帶走，夜晚張七郎父子三人即遭槍殺於鳳林公墓，張七郎次子張依仁因身帶國軍軍醫證件，逃過一劫，轉送花蓮監獄，是年7月初獲釋。然而在家屬向有關當局呈遞訴冤狀，卻得到台灣高等法院檢察處回覆謂三人為「叛黨叛國，組織暗殺團，拒捕擊斃」。但日後花東地區受訪者，皆眾口一詞為該父子伸喊冤。官方報告竟與事實出入如此之大，可見當局一再硬拗，反而漏洞百出。

而許錫謙則是青年團花東分會幹事兼股長，在花蓮處委會成立後相當活躍，負責指揮一切治安事宜。綏靖期間因被列入黑名單，雖暫時到台北躲避，但縣長及情治人員騙稱其可無事回花蓮，並慫恿其叔父電催其返家，未料於返回花蓮途中被軍隊槍殺於南方澳附近。在官方的報告稱「奸黨」組織青年大同盟，以許錫謙為「陸空軍總司令」，並接收糧食所，自推衛生院長、電信局長。然而實情並非如此，日後花蓮縣受訪者亦多為其叫屈。

偉大而美好的種籽

「我叫鄭南榕，我主張台灣獨立！」

一位男子在舞台上驕傲的說出他心中的主張，台下民眾聽到紛紛拍手叫好，在這禁忌的年代裡，能這樣說出自己的理想；同時也是台灣人的夢想，是需要有足夠的勇氣。

而「行動思想家」鄭南榕正在為他的思想付諸行動，衝撞體制。

時間往前回溯，正在求職的鄭南榕在他的履歷上這樣寫著：

「我出生在二二八事件那一年，那事件帶給我終生的困擾。因為我是個混血兒，父親是在日據時代來台的福州人，母親是基隆人，二二八事件後，我們是在鄰居的保護下，才在台灣人對外省人的報復浪潮裡，免於受害。」

距離 1947 年的二二八事件已好幾十個年頭過去了，這時期的台灣尚在戒嚴當中，禁止人民集會結社、不得隨意辦報章雜誌，書籍、歌曲、演出等都有可能遭到禁止，甚至無辜的人民也會不明不白地入獄，這也被稱為白色恐怖時期。

二二八事件深深影響著鄭南榕，他在求學階段時就對於哲學性、思想性的探索非常有興趣。於是鄭南榕自成功大學工學院辦理休學後，進入輔大哲學系就讀第二年轉學至台灣大學哲學系，後來因拒修「國父思想」課程，而放棄拿畢業證書。

而 1979 年高雄發生了二二八事件後規模最大的一場警民衝突事件—美麗島事件，以及接著「林宅血案」的發生，這幾起事件影響了當時的台灣民眾，開始關心台灣政治，使得自二二八事件以來壓抑已久的沉默世代，開始有勇氣說出心中的話，爭取民主自由及多元的運動蓬勃崛起。

「爭取百分之百的言論自由。」

鄭南榕在 1984 年創立了黨外雜誌《自由時代週刊》，雜誌內容時常批判時局，觸碰當局的禁忌話題，雖然雜誌常被政府查禁及停刊，但卻阻止不了鄭南榕的行動。接下來他開始著手平反二二八的活動，但二二八這議題在當時仍然是政府的「禁忌話題」，他卻勇於突破政治禁忌，主張查明二二八事件真相，平反冤屈和族群和解，開始於全台各地舉行遊行和演講，這時候台灣人才願意瞭解事件的發生。

「國民黨抓不到我的人，只抓得到我的屍體。」

1987 年台灣解除了當時在全世界排名第二長的戒嚴令，總共 38 年。不過雖然已解嚴但《動員戡亂時期臨時條款》尚還存在。

1989 年，鄭南榕在《自由時代週刊》上刊登了許世楷所撰寫的《台灣共和國憲法草案》全文，因而被當局指控「涉嫌叛亂」。鄭南榕無法接受只因為刊登文章而被指控叛亂，向政府抗議對言論的掌控，於是自囚在雜誌社 71 天，就在 1989 年 4 月 7 日警方荷槍實彈包圍雜誌社，鄭南榕因而引爆汽油桶自焚，化身為一顆偉大而美好的種籽。

而在鄭南榕出殯那天，也有人跟隨他的腳步自焚，他是詹益樺。

詹益樺他跟鄭南榕不一樣，他沒有優秀的學歷，是個勞工階級，他的身影常出現在各個抗爭活動中，總是拿著喇叭走在隊伍前頭，在那個黨外運動的年代，他是個默默付出的無薪志工。

他常常思考著這個社會，在他的信件中，寫著：我現拿鋤頭時、挑擔時，常思考這些問題：台灣社會上弱者在哪裡？他們被變成弱者是什麼原因？是什麼人造成？是什麼事情演變？…「我自訂一個方向。跌倒成為弱者的人，我站立那個地方扶起他。」

鄭南榕自焚後，詹益樺曾說：「鄭南榕是一顆偉大而美好的種籽，我希望自己也成為一顆偉大而美好的種籽。」

其實出殯當天，沒有人知道他會自焚，但是當隊伍走到總統府前，詹益樺拿出預備好的汽油淋在身上引火自焚，並且撲向前方的蛇籠，鐵絲網上掛著「生為台灣人、死為台灣魂」的布條。

這令在場民眾十分震驚和錯愕，詹益樺全身著火的躺在蛇籠上，他也跟鄭南榕一樣化為偉大而美好的種籽，扎根在這塊他們所愛的土地上並茁壯等待下一次的綻放。

二二八事件的後續影響

誠如張炎憲教授所指出的：「二二八事件是二次大戰後影響台灣最具深遠的一次事件。至今台灣很多政治社會問題，仍然起源於這個事件。」

國府當局在處理二二八的態度，完全超乎台灣民眾對近代政治、文明政府的理解與期待，祖國統治帶來了「前近代式的震撼」。援兵抵台之後的作為，將中國政治的「前近代式」完全展露無遺，對日治中期以來已經習於遵守法律秩序的台灣民眾，面對當局毫無法治、人權觀念的殘酷作為，大為震懾。

二二八事件所造成民間重大傷亡，即使是生還者心中也留下難以平復的傷痕。如張月澄（張秀哲）為了抗日曾下獄兩年，二二八事件被捕後，家人透過錢財及關係贖回，但他的朋友不是被捕，就是失蹤，又聽聞四十一部卡車堆滿屍體，如同古代遊街示眾的作法，從此以後，對生命的熱誠消褪殆盡，餘生自我封閉在孤獨的書房度過，不再與外界接觸，既像活的死人，也像死的活人；彭明敏的父親彭清靠代表民眾去與彭孟緝談判，九死一生才被釋放，從此再也不參與中國的政治，或理會中國的公共事務，他所嚐到的是一個被出賣的理想主義者的悲痛。

對許多人來說，如受難者王育霖的弟弟王育德提到的，二二八事件的結果，中國人的極度殘酷使台灣人嚇破膽，沉默了下來。管它甚麼通貨膨漲，若能保住朝不保夕的一條命，就必須感謝老天爺了，剩下的，就只能找些身旁的微小幸福，用以排遣俗世的日子了。

此外，這些被捕者多是當時優異份子，妻子也多出身名門，受過高等教育留學日本。生前親朋好友常相互訪問，風光一時。被捕後，家人求救無門，親戚友朋大多走避，以免被連累。顯赫人士的遭遇，反映出人世間的冷

暖；一般民眾境遇更是呼天不應、呼地不靈。而這樣冤屈心情也只埋藏心底，不敢吐露。

更令人痛心的是，執政當局將二二八事件變為禁忌，不讓民眾談論。在漫長的戒嚴歲月中（1949年5月20日－1987年7月15日），合《聯合報》、《中國時報》、《台灣新生報》三報，竟只有14則文字提及「二二八」，刻意防杜台灣後代與聞事件的居心明顯，論點也都是複製歷來官方觀點。

即使在1992年二二八事件的討論已突破先前禁忌，在從事口述歷史訪問受難家屬時，有很大部分會拒絕採訪，或只透露一點點，不願提起詳細情形。根據一位口述歷史工作者對家屬的訪問，發現在採訪12位家屬時，只有兩位同意將其受難情形公諸於世，8位簡單說明受難情形，並要求不要公開紀錄，另有兩位完全拒絕，不願出來說話。從這個例子可以瞭解二二八事件在40多年白色恐怖籠罩下，所帶來的精神壓迫與恐怖記憶有多深。

總的來說，二二八事件帶給台灣的，不只是家破人亡的悲劇而已，還為台灣往後的政治與社會種下既深且鉅的影響。事件後，台灣人對政治產生恐懼、灰心、失望，這種對政治的恐懼感與冷漠感，這有利於國府的一黨專政，但不利於民主憲政的發展；再者許多劫後餘生的社會菁英不願再與聞政治，地方政治體質改變，劣幣驅逐良幣，土豪劣紳、黑道流氓等逐漸進入政壇，台灣黑金政治在二二八事件之後早已埋下伏筆。當台灣人菁英大量退出公共領域，社會大眾噤若寒蟬，也對國府當局從此產生根深蒂固的不信任感與無法跨越的隔閡鴻溝。

事實上，國家暴力在二二八事件的屠殺及戒嚴期間的政治壓迫，雖因政治環境的差異而在延續時間，以及形態上有所不同，然而卻都是構成台灣歷史中令人悲傷的一頁。如今台灣歷史已經翻過新頁，可是我們不能就將書闔上。我們必須牢記，也時時回顧威權獨裁的這些必然結果。

參考資料

一、檔案史料

- 《二二八事件資料選輯 (一)》，臺北：中央研究院近代史研究所，1992 年。
- 台灣省警備總司令部，〈台灣省「二二八」事變紀事〉，收入台灣省文獻委員會編印，《二二八事件文獻續錄》(南投縣，台灣省文獻委員會，1989)，頁 387-472。
- 薛月順編，《二二八事件檔案彙編 (23)：總統府檔案》，臺北市：國史館，2017 年。

二、專書

- 王克雄、王克紹編，《期待明天的人：二二八消失的檢察官王育霖》，新北市：遠足文化，2017。
- 王育德、王明理著，吳瑞雲、邱振瑞翻譯，《王育德自傳暨補記：台灣獨立運動啓蒙者》，臺北市：前衛出版，2018。
- 王秋森、陳婉真、李賢群、李堅，《1947 台灣二二八革命》，臺北市：前衛出版，1996。
- 古瑞雲，《台中的風雷：跟謝雪紅在一起的日子裡》，臺北市：人間出版，1990。
- 吳新榮撰；黃勁連總編輯，《吳新榮選集三－震瀛回憶錄》，臺南縣：臺南縣立文化中心，1997。
- 吳濁流，《無花果》，臺北市：前衛出版，1988。
- 呂昂樹等作，《走過：尋訪二二八》，新北市：前衛，2015。
- 李娜、呂正惠，《無悔：陳明忠回憶錄》，臺北市：人間出版，2014。
- 李敖編，《二二八研究》，臺北市：李敖出版社，1989。
- 李喬，《埋冤 1947 埋冤》，自費出版，1995。
- 李雲漢等編，《楊亮功先生年譜》，新北市：聯經出版公司，1990。
- 李筱峰，《再現台灣‧二二八事件》，臺中：莎士比亞文化事業，2009。
- 李筱峰，《林茂生‧陳炘和他們的時代》，臺北市：玉山社出版公司，1996。
- 李筱峰，《解讀二二八》，臺北市：玉山社出版公司，1996。
- 李筱峰、陳孟絹，《二二八消失的台灣菁英‧二○一五年增訂版》，臺北市：玉山社出版公司，2015。
- 阮美姝，《幽暗角落的淚聲》，臺北市：前衛出版，1992。
- 林元輝主編，《二二八事件臺灣本地新聞史料彙編》(二)(三)，臺北市：二二八基金會，2009。

- 林木順編，《台灣二月革命》，臺北市：前衛出版，1995。
- 門田隆將著，林琪禎、張弈伶、李雨青譯，《湯德章：不該被遺忘的正義與勇氣》，臺北市：玉山社出版公司，2016。
- 涂淑君，《南瀛二二八誌》，臺南縣：臺南縣文化局，2001。
- 柯喬治著、陳榮成譯，《被出賣的台灣》，臺北市：前衛出版，2003。
- 高陳雙適口述、許月梅撰文，《靜待黎明》，臺北市：玉山社出版公司，2014。
- 張文義、沈秀華採訪記錄，《噶瑪蘭二二八》，臺北市：吳三連台灣史料基金會，2013。
- 張秀哲，《「忽忘台灣」落花夢》，新北市：衛城，2013。
- 張炎憲、王逸石、王昭文、高淑媛，《嘉義北回二二八》，臺北市：吳三連台灣史料基金會，2011。
- 張炎憲、王逸石、王昭文、高淑媛，《嘉義驛前二二八》，臺北市：吳三連台灣史料基金會，1995。
- 張炎憲、胡慧玲、高淑媛，《基隆雨港二二八》，臺北市：吳三連台灣史料基金會，2011。
- 張炎憲、胡慧玲、高淑媛，《悲情車站二二八》，臺北市：吳三連台灣史料基金會，2011。
- 張炎憲、胡慧玲、黎中光，《臺北南港二二八》，臺北市：吳三連台灣史料基金會，2015。
- 張炎憲、胡慧玲、黎澄書，《臺北都會二二八》，臺北市：吳三連台灣史料基金會，2015。
- 張炎憲、曾秋美主編，《花蓮鳳林二二八》，臺北市：吳三連台灣史料基金會，2014。
- 張炎憲主編，《王添灯紀念輯》，臺北市：吳三連台灣史料基金會，2016。
- 張炎憲等採訪記錄，《嘉雲平野二二八》，臺北市：吳三連台灣史料基金會，1995。
- 張炎憲等採訪記錄，《諸羅山城二二八》，臺北市：吳三連台灣史料基金會，2014。
- 張炎憲總編，《二二八事件責任歸屬研究報告》，臺北市：二二八事件紀念基金會，2006。
- 張超英口述、陳柔縉著，《宮前町九十番地》，臺北市：時報文化，2006。
- 許曹德，《許曹德回憶錄》，臺北市：前衛出版，2018。
- 陳翠蓮，《重構二二八：戰後美中體制、中國統治模式與臺灣》，新北市：衛城出版，2017。
- 陳銘城、蔡宏明、張宜君，《槍口下的司法天平：二二八法界受難事蹟》，臺北市：財團法人二二八事件基金會，2013。
- 陳儀深計畫主持、楊振隆總編輯，《濁水溪畔二二八》，臺北市：前衛出版，2009。
- 彭明敏，《自由的滋味》，臺北市：玉山社出版公司，2017。
- 黃金島，《二二八戰士：黃金島的一生》，臺北市：前衛出版，2004。
- 楊翠主編，《青春二二八：二七部隊的抵抗、挫折與流轉》，臺北市：二二八事件紀念基金會，2017。
- 編者不詳，《二二八真相》，臺北市：出版資料不詳。

- 鄧孔昭編，《二二八事件資料集》，臺北縣：稻鄉，1991。
- 賴澤涵總主筆，《二二八事件研究報告》，臺北市：時報文化，1994。
- 鍾逸人，《此心不沉：陳篡地與二戰末期台灣人醫生》，臺北市：玉山社出版公司，2014。
- 鍾逸人，《辛酸六十年（續篇）火的刻痕：鍾逸人後 228 滄桑奮鬥史》（增訂三版），臺北市：前衛出版，2009。
- 鍾逸人，《辛酸六十年：狂風暴雨一小舟》（增訂三版），臺北市：前衛出版，2009。
- 蘇新，《未歸的台共鬥魂－蘇新自傳與文集》，臺北市：時報出版，1993。
- 蘇新，《憤怒的台灣》，臺北市：時報出版，1993。
- 蘇碩斌、江昺崙、吳嘉浤、馬翊航、楊美紅、蔡旻軒、張琬琳、周聖凱、蕭智帆、盛浩偉共著，《終戰那一天：臺灣戰爭世代的故事》，新北市：衛城出版，2017。

三、單篇論文、報導文章

- 王昭文，〈燃燒的鳳凰花 — — 228 事件中的嘉義〉，《台灣教會公報》，2000。
- 吳乃德，〈威權獨裁下的國家暴力〉，收入台灣民間真相與和解促進會著，《記憶與遺忘的鬥爭：台灣轉型正義階段報告》（卷一 清理威權遺緒）（新北市：衛城，2015），頁 101-112。
- 許雪姬，〈臺灣光復初期的民變：以嘉義三二事件為例〉，載於賴澤涵主編《臺灣光復初期歷史》。臺北市：中央研究院人社所，1993，頁 169-222。
- 〈巫永福先生訪問〉，許雪姬編，《臺中縣口述歷史第五輯》，頁 136。臺中：臺中縣立文化中心，1998。
- 歐陽可亮、張志銘譯，〈二二八大屠殺的證言 2 地獄─西本願寺〉，原載《台灣史料研究》第 11 號 / 吳三連台灣史料基金會 1998 年 5 月出版。日文原文登載於「台灣獨立聯盟」在日本發行的 《台灣青年》198 期，1977.4.5。
- 顏娟英，〈勇者的畫像－陳澄波〉，《台灣美術史 1：陳澄波》論文，藝術家出版社，1992。

四、重要參考網站

- 二二八事件紀念基金會 http://www.228.org.tw/index.php
- 二二八國家紀念館官方臉書 https://www.facebook.com/National.228.Museum/?tn-str=k*F
- 吳三連台灣史料基金會 http://www.twcenter.org.tw/
- 陳澄波文化基金會 http://chenchengpo.dcam.wzu.edu.tw/~chenchengpo/
- 報導者－潘小俠「見證 228」影像計畫 https://www.twreporter.org/topics/228-photos

偉大美好的徒行——重繪二二八看見人民迸發的力量

各篇圖文參考資料來源

◆ 提供各篇圖文作者撰寫時的參考資料方便讀者快速檢索。
◆ 專書提供書名或指定頁數,網站提供縮網址與 QR-CODE。
◆ 依出現於文章中的先後順序,先文章後網站。

天馬茶房

《憤怒的台灣》,頁 120。

二二八事件紀念基金會
http://bit.ly/2B06597

平民的遊行

《憤怒的台灣》,頁 121。

《1947 台灣二二八革命》,頁 110。

二二八事件紀念基金會
http://bit.ly/2B06597

沃草 1947 年報紙
http://bit.ly/2BagTSf

機關槍

《無花果》

詭計

《二二八事件檔案彙編(23)》,頁 233。

《王育德自傳暨補記》

《無悔:陳明忠回憶錄》,頁 75。

《辛酸六十年:狂風暴雨一小舟》,頁 454-458。

《二二八戰士:黃金島的一生》

《自由時報》2017-02-23
http://bit.ly/2B0Fmct

吳三連台灣史料基金會
http://bit.ly/2B1Byb0

報導者‧見證 228
http://bit.ly/2B2pEgX

故事網站
http://bit.ly/2AYIHbO

台中民軍

《無悔：陳明忠回憶錄》，頁 75。

《辛酸六十年：狂風暴雨一小舟》，頁 454-458。

《二二八戰士：黃金島的一生》。

故事網站
http://bit.ly/2AYIHbO

〈台中的反抗與馴服〉
http://bit.ly/2B305wd

二二八年表
http://bit.ly/2AYIJQY

青春的捍衛

《青春二二八》，頁 44、45。

雄中與國民政府軍的交戰

《青春二二八》，頁 53-55。

煉獄 TAKAO

《再現台灣．二二八事件》

《解讀二二八》，頁 143。

《青春二二八》

〈台灣旅滬六團體關於台灣事件報告書〉

《二二八事件責任歸屬研究報告》，頁 254-258。

北緯 23.5 度的衝撞

《嘉義北回二二八》

〈臺灣光復初期的民變：以嘉義三二事件為例〉

〈燃燒的鳳凰花──228 事件中的嘉義〉

紅色雨港

《楊亮功先生年譜》

《重構二二八》，頁 342。

《解讀二二八》

《基隆雨港二二八》

《許曹德回憶錄》

恐怖暗夜

《台灣二月革命》，頁 40。

《無花果》，頁 201。

《重構二二八》，頁 348。

消逝的教育先行者

《林茂生‧陳炘和他們的時代》，頁 91。

《臺北都會二二八》

死寂的驛站

《悲情車站二二八》，頁 136。

堅毅的南國巨樹

《湯德章：不該被遺忘的正義與勇氣》

《二二八消失的台灣菁英》

正義！堅強！帶給所有人幸福

《期待明天的人》，頁 132、273。

《王育德自傳暨補記》，頁 266-268。

《終戰那一天：臺灣戰爭世代的故事》

恐懼

無

烏牛欄之役

《青春二二八》，頁 177、178-184、198、205、209。

《台中的風雷：跟謝雪紅在一起的日子裡》

《二二八戰士：黃金島的一生》

《辛酸六十年（續篇）火的刻痕》

《辛酸六十年：狂風暴雨一小舟》

最後的戰俘

《濁水溪畔二二八》，頁 37、30、33。

《此心不沉：陳篡地與二戰末期台灣人醫生》

高雄要塞司令

《228 事件資料選輯（一）》，頁 42、66、68、43。

《自由的滋味》，頁 70。

《解讀二二八》

被帶走的父親

《林茂生‧陳炘和他們的時代》，頁 25、44、248-249。

《二二八消失的台灣菁英》，頁 108、115。

《靜待黎明》，頁 75-76。

〈巫永福先生訪問〉

冤沉南港

《槍口下的司法天平》，頁 57、63、25、65。

《臺北南港二二八》，頁 54-55、57。

仁醫仁術－木枝仙

《埋冤 1947 埋冤》，頁 437。

《嘉義驛前二二八》，頁 214、220、213。

《二二八消失的台灣菁英 2》，頁 197。

那「一支香」還在燃燒－
65 年來的懷念潘木枝醫師紀念特展暨追思會
http://bit.ly/2AYNJW6

公視 NGO 觀點：
二二八 — 歷史負債與民主資產（潘英仁專訪）
http://bit.ly/2ThDRNW

畫家之死

《嘉義驛前二二八》，頁 165、166、168。

陳澄波文化基金會
http://bit.ly/2T8J1vR

《二二八消失的台灣菁英》，頁 174-175。

〈勇者的畫像－陳澄波〉

火猶未熄

《臺北南港二二八》，頁 246。

《王添灯紀念輯》，張炎憲序論頁 8。

《未歸的台共鬥魂》，頁 125。

西本願寺裡的冤魂

〈二二八大屠殺的證言 2 地獄 — 西本願寺〉

尋人

無

倖存、無語和驚惶

《王育德自傳暨補記》

是誰？

《被出賣的台灣》，頁 312。

偉大而美好的種籽

鄭南榕基金會
http://bit.ly/2Ta7HEh

如果只有五本書的時間 / 曾立維

1. 李筱峰、陳孟絹，《二二八消失的台灣菁英・二〇一五年增訂版》，台北：玉山社，2015。

2. 阮美姝，《幽暗角落的淚聲》，台北：前衛出版社，1992。

3. 賴澤涵總主筆，《二二八事件研究報告》，台北：時報文化，1994。

4. 張炎憲等執筆，《二二八事件責任歸屬研究報告》，台北：二二八事件紀念基金會，2006。

5. 陳翠蓮，《重構二二八：戰後美中體制、中國統治模式與臺灣》，台北：衛城，2017。

李筱峰與阮美姝的書籍是以受難者即人物為切入點的書寫，李筱峰教授的碩士論文是台灣國內第一本專章討論二二八事件的學術著作，其 1990 年出版《二二八消失的台灣菁英》為許多人認識二二八事件的啟蒙書；阮美姝女士本身即為受難者家屬，在其積極聯絡找尋下，才讓當時還在二二八陰影下，不願說出此悲慘回憶的許多家屬願意吐露心聲，完成這本 80 名受難者家屬訪談。

　　而《二二八事件研究報告》則是當時政府為了回應戒嚴後大眾對二二八真相的追求，在行政院成立「研究二二八事件小組」所提出的研究報告，可讓讀者大體瞭解事件發生的原因背景，以及事件期間在台灣各地，民間和官方方面各自的作為和行動；《二二八事件責任歸屬研究報告》則集中說明《二二八事件研究報告》缺乏的責任歸屬，分別分析了南京決策階層、台灣軍政層面，及事件相關份子如「半山」份子、社會團體成員、新聞媒體工作者與線民、密告者、構陷者的責任；陳翠蓮教授的《重構二二八：戰後美中體制、中國統治模式與臺灣》針對先前研究的局限：忽略對戰後初期台灣所處國際環境脈絡，及缺乏對中國統治模式連續性的追溯，因此以戰後遠東秩序重編下的美中體制對台灣的影響，與中國文化移殖的角度來探討二二八事件。事實上，由這五本書的出版時序和內容，也可看到台灣的二二八事件研究的趨勢。

獻給福爾摩莎，與眞心熱愛這座島嶼的每個靈魂

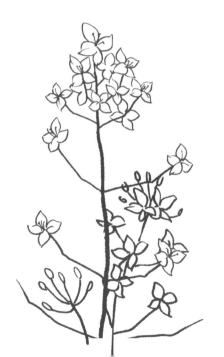

國家圖書館出版品預行編目(CIP)資料

偉大而美好的種籽－重繪二二八看見人民迸發的力量 /
Tseng Feng著. -- 初版. -- 台北市 : 前衛, 2019.2

面 ; 17×23 公分. --

ISBN 978-957-801-869-3 (平裝)

1.二二八事件 2.插畫

733.2913   108001175

偉大而美好的種籽 －
重繪二二八看見人民迸發的力量

作　　者　Tseng Feng
歷史專欄撰文　曾立維

系列選書　林君亭
責任編輯　楊佩穎
美術設計　Nico Chang

出 版 者　前衛出版社
　　　　　地　　址｜10468 台北市中山區農安街 153 號 4 樓之 3
　　　　　電　　話｜02-25865708
　　　　　傳　　真｜02-25863758
　　　　　郵撥帳號｜05625551
　　　　　業務信箱｜a4791@ms15.hinet.net
　　　　　投稿信箱｜avanguardbook@gmail.com
　　　　　官方網站｜http://www.avanguard.com.tw
出版總監　林文欽
法律顧問　南國春秋法律事務所

經 銷 商　紅螞蟻圖書有限公司
　　　　　地　　址｜11494 台北市內湖區舊宗路二段 121 巷 19 號
　　　　　電　　話｜02-27953656
　　　　　傳　　真｜02-27954100

出版日期　2019 年 2 月初版一刷
定　　價　新台幣 300 元